Projektcontrolling

Bernd Zirkler · Kai Nobach · Jonathan Hofmann
Sabrina Behrens

Projektcontrolling

Leitfaden für die betriebliche Praxis

Bernd Zirkler
Zwickau, Deutschland

Jonathan Hofmann
Zwickau, Deutschland

Kai Nobach
Nürnberg, Deutschland

Sabrina Behrens
Krumbach, Deutschland

ISBN 978-3-658-23713-4   ISBN 978-3-658-23714-1   (eBook)
https://doi.org/10.1007/978-3-658-23714-1

Die Deutsche Nationalbibliothek verzeichnet diese Publikation in der Deutschen Nationalbibliografie; detaillierte bibliografische Daten sind im Internet über http://dnb.d-nb.de abrufbar.

Springer Gabler
© Springer Fachmedien Wiesbaden GmbH, ein Teil von Springer Nature 2019

Springer Gabler ist ein Imprint der eingetragenen Gesellschaft Springer Fachmedien Wiesbaden GmbH und ist ein Teil von Springer Nature
Die Anschrift der Gesellschaft ist: Abraham-Lincoln-Str. 46, 65189 Wiesbaden, Germany

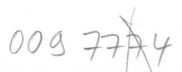

Vorwort

Ein Blick in die Geschichte offenbart, dass seit jeher betriebliche Prozesse in Folge spezifischer Entwicklungen Veränderungen unterworfen waren. Das mehrere Jahrhunderte dominierende mittelalterliche Handwerk wurde in seiner Bedeutung größtenteils durch Manufakturen abgelöst, in welchen sich hoch spezialisierte Arbeitskräfte unterschiedlicher Gewerke zusammenfanden, um jeweilige Produkte in höherer Stückzahl und gleichzeitig besserer Qualität zu fertigen. Die industrielle Massenfertigung in Fabriken löste ihrerseits insbesondere in der zweiten Hälfte des 19. Jahrhunderts die Manufakturfertigung als dominierende Produktionsform ab. Mit dem Ziel, die betrieblichen Abläufe durch konsequente Arbeitsteilung zu standardisieren, konnten Produkte unter Ausnutzung von Skaleneffekten in sehr hoher Stückzahl zu vergleichsweise niedrigen Kosten hergestellt werden. Die zunehmende Sättigung der Märkte und die mit ihr einhergehende Wandlung von Verkäufer- zu Käufermärkten waren bekanntermaßen Treiber der modernen Globalisierung, welche zum einen neue geografische Absatzgebiete erschloss, in denen noch keine Marktsättigung zu verzeichnen war. Zum anderen boten sich auch jene Gebiete vor dem Hintergrund niedrigerer Lohn- und Ressourcenkosten für den Aufbau neuer Produktionskapazitäten an, weil sich durch die Präsenz vor Ort auch potenzielle Logistikkosten einsparen ließen, welche durch notwendige Transporte vom Produktionsort hin zum Absatzort unweigerlich entstanden wären. Mit dem Aufkommen moderner Informations- und Kommunikationstechnologien in der letzten Dekade des 20. Jahrhunderts ist wiederum eine Zäsur in den betrieblichen Abläufen verbunden. Dieses machte es möglich, dass sich beliebig viele Arbeitskräfte in Echtzeit nach Bedarf koordinieren und synchronisieren konnten, unabhängig vom jeweiligen Standort. Insbesondere im Bereich singulärer Arbeitsschritte, wie beispielsweise in der Konstruktionsphase neuer Produkte oder bei der Abarbeitung eines in sich geschlossenen Auftrags erwiesen sich diese Technologien wiederum als Treiber, der eine altbewährte betriebliche Prozessorganisationsform in ihrer Bedeutung beförderte: das Projekt.

Der etymologische Ursprung des Begriffs „Projekt" liegt im lateinischen Verb *proicere*, welches sich mit „hinwerfen" beziehungsweise mit „nach vorn werfen" übersetzen lässt. Dessen entsprechendes Partizip Perfekt *proiectus* ist wiederum der unmittelbare Ursprung des heute im Sprachgebrauch befindlichen Substantivs. Im Übrigen lässt sich die Verwendung des Begriffs bis in die zweite Hälfte des 17. Jahrhunderts zurückverfolgen, vornehmlich im Kontext von Bauvorhaben beziehungsweise von in der Entstehung begriffener Unternehmungen. In diesem Zusammenhang ist zu konstatieren, dass der Begriff „Projekt" insbesondere in jüngerer Vergangenheit dergestalt eine Erweiterung erfuhr, dass er nun quasi als Modewort synonym für Vorhaben und Planungen verwendet wird. Eine viel beachtete Fernsehwerbung einer bekannten Heimwerkermarkt-Kette brachte dies mit dem Slogan „Mach es zu Deinem Projekt!" pointiert zum Ausdruck.

Dass die Bedeutung betrieblicher Projekte unter anderem durch die Globalisierung einerseits und sich rasant entwickelnder Informations- und Kommunikationstechnologien andererseits in den letzten Dekaden kontinuierlich zunahm, ist evident. Vor diesem Hintergrund ist die Feststellung, dass in den betriebswirtschaftlichen Curricula deutscher Hochschulen die konkrete Steuerung von Projekten verglichen mit deren praktischer Bedeutung vergleichsweise unterrepräsentiert ist, geradezu unverständlich. Die Entstehung des vorliegenden Buches wurde interessanterweise im Wesentlichen dadurch befördert, dass Studierende höherer Semester unabhängig voneinander im Hinblick auf anstehende oder bereits absolvierte Praktika häufig redundante Fragen zum Projektcontrolling stellten. Aus diesem Grund richtet es sich insbesondere an Studierende des Fachs Betriebswirtschaftslehre an Universitäten, Fachhochschulen und Berufsakademien, die sich einen schnellen, aber trotzdem fundierten Überblick über die Grundlagen der Projektsteuerung verschaffen möchten. Weitere potenzielle Adressaten sind primär Praktiker, wie zum Beispiel Geschäftsführer, Controller, Projektleiter usw.

Die konzeptionelle Erarbeitung und finale Abfassung des vorliegenden Buches wurde ebenfalls als Projekt angelegt, welches sich aus diversen Meilensteinen und Arbeitspaketen zusammensetzte. Den an der Entstehung involvierten Projektbeteiligten soll an dieser Stelle ein aufrichtiger Dank ausgesprochen werden. Dieser richtet sich insbesondere an Herrn *Philipp Schäfer*, wissenschaftlicher Mitarbeiter der Professur für Allgemeine Betriebswirtschaftslehre, insbesondere Rechnungswesen und Controlling an der Westsächsischen Hochschule Zwickau, welcher zusammen mit den wissenschaftlichen Hilfskräften mit der digitalen Umsetzung der Abbildungen wertvolle Beiträge zur Realisation des Buches leistete. Des Weiteren gebührt der Dank den Mitarbeitern des Verlagshauses Springer Gabler, welche in der Phase der Publizierung mit profunden Ratschlägen stets hilfsbereit zur Seite standen. Nicht zuletzt gebührt ein besonderer Dank Herrn *Dominik Hofmann* und Frau *Sandra Schmolz* für die akribische Wahrnehmung des Lektorats, sowie insbesondere Frau *Rebekka Markert,* wissenschaftliche Mitarbeiterin der Professur für Allgemeine Betriebswirtschaftslehre, insbesondere Rechnungswesen und Controlling an der Westsächsischen Hochschule Zwickau, für die sehr gewissenhafte Durchführung der Enddurchsicht.

im September 2018   Bernd Zirkler, Zwickau
                                                                                      Kai Nobach, Nürnberg
                                                                                      Jonathan Hofmann, Zwickau
                                                                                      Sabrina Behrens, Krumbach

Inhaltsverzeichnis

Abkürzungsverzeichnis

Abbildungs- und Tabellenverzeichnis

Unternehmen und Behörden sehen sich seit jeher mit Projekten mannigfaltiger Art konfrontiert. Insbesondere in den letzten Dekaden ist deren Anteil an der Gesamtleistung rasant gestiegen, was auf weitreichende technische sowie marktwirtschaftliche Veränderungen zurückzuführen ist. Damit sich ein Unternehmen an nationalen und internationalen Märkten behaupten kann, muss es sich von der Konkurrenz abheben. Dieses hat zur Folge, dass die angebotenen Produkte und Dienstleistungen nicht nur komplexer werden in ihrer Art und Beschaffenheit, sondern auch im angebotenen Leistungsumfang. Zugleich müssen aber die angebotenen Produkte/Dienstleistungen im Vergleich zur Konkurrenz nicht nur preislich attraktiv gestaltet werden, sondern auch qualitativ hochwertig und jederzeit am Markt oder auf Kundenwunsch verfügbar sein. Der Druck, sach-, termin- und auch kostengerecht zu agieren, bedeutet, dass die Anforderungen an das Unternehmen in allen Bereichen steigen.

Unternehmen erhoffen sich durch Projekte, flexibel und elastisch auf neue Gegebenheiten reagieren zu können. Deren Bearbeitung wird zunehmend anspruchsvoller und komplexer. Dies führt dazu, dass ein Unternehmen nicht nur mit veränderten Aufgabengebieten aufgrund des technischen und marktwirtschaftlichen Wandels konfrontiert wird, sondern zugleich auch mit einer Vielzahl zeitlich befristeter Projekte, denen eine wachsende Priorität zukommt. Die immer komplexer werdenden Projekte, sei es durch die Projektgröße oder -beschaffenheit, benötigen Prozesse und Methoden, die ein Projekt ganzheitlich transparent und nachvollziehbar erscheinen lassen. Nur mit ihnen ist es möglich, rechtzeitig auf jegliche Abweichungen Einfluss nehmen zu können. Das Projektcontrolling als Bestandteil des Projektmanagements ist mitverantwortlich für das Erreichen der vorgegebenen Projektziele. Das Projektcontrolling bedient sich diverser Methoden und Instrumente, die bei der Kostenkontrolle und -steuerung des komplexen Projektablaufs hilfreich sind. Die dadurch gewonnene Transparenz ist Basis für fundierte

© Springer Fachmedien Wiesbaden GmbH, ein Teil von Springer Nature 2019
B. Zirkler et al., *Projektcontrolling*, https://doi.org/10.1007/978-3-658-23714-1_1

Entscheidungen und Maßnahmen im Falle von Projektabweichungen, die unter anderem durch veränderte Anforderungen oder Rahmenbedingungen entstehen.

Das vorliegende Buch verfolgt das Ziel, insbesondere Instrumente und Methoden näher zu erläutern, welche sich das Projektcontrolling derzeitig und auch künftig mit dem Ziel einer bestmöglichen Bewältigung von Projekten zu Nutze macht.

Das Wesen des Projektmanagements

2.1 Begriffsabgrenzung „Projekt"

Nach DIN 69901 wird ein Projekt als „[…] *ein Vorhaben, das im Wesentlichen durch die Einmaligkeit der Bedingungen in ihrer Gesamtheit gekennzeichnet ist* […]", definiert. Demgemäß soll ein Projekt eine Aufgabe (festgelegtes, realistisches Ziel) erfüllen, die sachlich, budgetmäßig, als auch zeitlich begrenzt ist und durch das Zusammenwirken unterschiedlicher Funktionsbereiche und Hierarchieebenen gekennzeichnet ist. Da jedes Projekt seinen individuellen Charakter hat, versucht man das Risiko des wirtschaftlichen Verlusts bis hin zum vorzeitigen Abbruch durch Erfahrungen aus ähnlichen Projekten und mit dem Einsatz von Projektmanagement-Methoden zu reduzieren. Die Individualität von Projekten führt im Vergleich zu standardisierten Geschäftsprozessen häufig zu enormer Kapitalbindung und ist zugleich mit hohen Risiko- und Unsicherheitsfaktoren verbunden.

2.2 Projektmanagement-Definition

Management wird von dem englischen Begriff „to manage" abgeleitet, was im Deutschen mit „leiten", „zustande bringen", „geschickt bewerkstelligen" oder „bewältigen" übersetzt werden kann. Demzufolge befasst sich das Projektmanagement nach DIN 69901-5 mit der „[…] *Gesamtheit von Führungsaufgaben, -organisation, -techniken und -mitteln für die Initiierung, Definition, Planung, Steuerung und dem Abschluss von Projekten* […]" und ist damit ganzheitlich auf das zielorientierte Abwickeln der einzelnen Projektschritte ausgerichtet. Das Project Management Institut® definiert Projektmanage-

© Springer Fachmedien Wiesbaden GmbH, ein Teil von Springer Nature 2019
B. Zirkler et al., *Projektcontrolling*, https://doi.org/10.1007/978-3-658-23714-1_2

ment als „[…] *the application of knowledge, skills, tools and techniques to project activities to meet project requirements* […]".

Hierbei ist von vornherein darauf hinzuweisen, dass das Projektmanagement keineswegs nur operative Aufgaben wahrnimmt, sondern dass der strategische Fokus im Sinne einer holistischen Projektbetrachtung stets mit zu berücksichtigen ist (vgl. Abb. 2.1).

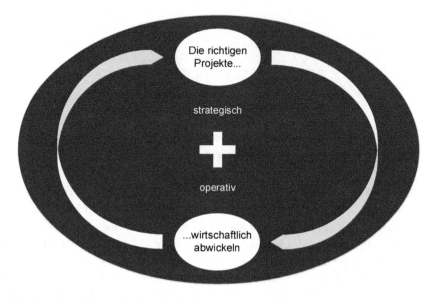

Abb. 2.1 Grundsätzliche Aufgaben des Projektmanagements[1]

Die Herausforderungen des Projektmanagements liegen unter anderem:

1. in der Sicherstellung, dass strategische Ziele auch in kurz- und mittelfristige Projektmaßnahmen überführt und schließlich erfolgreich umgesetzt werden,
2. im kontinuierlichen Abgleich der operativen Entscheidungen mit der Strategie des Unternehmens und
3. in der Sicherstellung eines ausgewogenen Projektportfolios.

Beim Projektmanagement handelt es sich demgemäß um ein wissenschaftliches sowie in der Praxis anerkanntes umfassendes Führungskonzept, dessen Gegenstand die Durchführung projektspezifischer Vorgaben jeglicher Art und jeglichen Umfangs zum festgelegten Termin, im vorgegebenen Budgetrahmen und mit geforderter Qualität ist.

---

[1] Vgl. Horváth & Partners (2008), S. 10.

2.3   Magisches Dreieck

Das Magische Dreieck ist ein gängiges Modell in der Betriebswirtschaftslehre (vgl. Abb. 2.2). Im Projektmanagement spricht man immer dann von einem magischen Dreieck, wenn es drei ausgeprägte Anforderungsebenen gibt, die in direkter Konkurrenz um die vorhandenen Ressourcen stehen und gleichzeitig das Endergebnis bestimmen.

Abb. 2.2 Magisches Dreieck

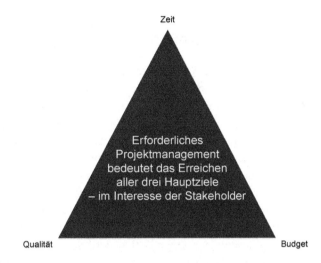

Die Beeinflussung einer Ecke des Magischen Dreiecks hat unmittelbare Auswirkungen auf die übrigen Determinanten. Damit ein Unternehmen zum Beispiel den Fertigstellungstermin einhalten kann, müssen gegebenenfalls Überstunden angeordnet, beziehungsweise zusätzliche Mitarbeiter eingesetzt werden. Dieses bedeutet aber, dass höhere Personalkosten anfallen und somit gegebenenfalls die Grenzen des Projektbudgets tangiert werden. Die Schwierigkeit besteht per se darin, den Plan in die Realität umzusetzen und in der Folge die drei Determinanten des magischen Dreiecks ausgewogen einzuhalten. Daher ist es sinnvoll, zu Beginn des Projektauftrags Zielpräferenzen festzulegen, auf die primär hingearbeitet wird. Durch diese Fokussierung wird die Steuerung des Projekts für die verschiedensten Bereiche (zum Beispiel Projektleiter, Projektcontrolling oder Stakeholder) erleichtert.

2.4   Projektleiter-Definition

Als höchstes Organ im Projektmanagement soll der Projektleiter nicht nur die projektspezifischen Ziele in Bezug auf das magische Dreieck erreichen, sondern darüber hinaus auch den gesamten Prozess des Projektablaufs fördern und unterstützen, damit die Erwartungen der Stakeholder erfüllt werden. Als Stakeholder werden alle Personen be-

zeichnet, die im Projekt involviert sind beziehungsweise durch die Projektaktivitäten be-
einflusst werden. Demzufolge ist es durchaus möglich, dass einzelne Stakeholder unterschiedliche Ansichten in Bezug auf die drei Zielgrößen haben. Die Erfahrungen zeigen,
dass Projekte häufig die Projektvorgaben nicht erreichen, wenn die einzelnen Aufgaben-
und Tätigkeitsbereiche strikt voneinander unabhängig betrachtet beziehungsweise bear-
beitet werden.

2.5   Projektorganisation

Aufgrund der hohen Komplexität eines Projekts ist es unabdingbar, dass das Projektmanagement während des Projektzeitraums eine selbstständige Projektorganisation hat.
Diese ist laut DIN 69901-5:2007 die „[…] *Gesamtheit der Organisationseinheiten und
der aufbau- und ablauforganisatorischen Regelungen zur Abwicklung eines Projekts*
[…]", die für die systematische Durchführung der weitreichenden Projekte notwendig
ist. Zur Darstellung der Projektorganisation bietet sich ein Organigramm, einschließlich
Arbeitsgebieten, Gremien und Führungskräften im Projekt an. Die Projektorganisation
kann entweder innerhalb oder auch außerhalb der Linienorganisation liegen. Liegt sie
innerhalb der Linienorganisation, dann symbolisiert sie einen eingegliederten Organisa-
tionsbereich, wie zum Beispiel Einkauf, Technik oder Verkauf. Eine Verortung außerhalb der gewöhnlichen Organisation wird vorwiegend dann gewählt, wenn es sich um
ein großes Vorhaben handelt, welches bereichsübergreifend konzipiert ist und/oder einen
hohen planerischen Aufwand verursacht (vgl. Abb. 2.3).

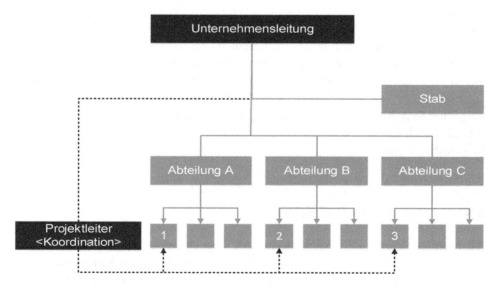

Abb. 2.3 Projektorganisation in Matrixform

2.6   Projektlebenszyklus

Der Projektlebenszyklus besteht aus verschiedenen Phasen, die das Projekt durchläuft. Inwiefern die Bereiche Konzept/Definition, Planung, Implementierung einschließlich Kontrolle und Abschluss aufgeteilt beziehungsweise unterteilt werden, hängt von der jeweiligen Projekt- und Unternehmensausrichtung ab. Abb. 2.4 gibt die gängige Projektphasengliederung in Anlehnung an *Burghardt*[2] wieder. Allein auf der Grundlage eines durchdachten und gut strukturierten Ablaufplans ist das Projektmanagement – und hier insbesondere der Projektleiter – in der Lage, auf vielfältige Weise in den Prozess lenkend einzugreifen.

Abb. 2.4 Vier Phasen des Projektablaufs

Nachfolgend werden schrittweise die einzelnen Hauptabschnitte des Projektablauf erläutert.

2.6.1   Projektdefinition

Alle relevanten Informationen eines Projekts, wie Aufgabenbeschreibung, Kosten- und Terminvorgaben, Verantwortliche etc. werden zu Beginn im Projektauftrag aufgenommen und verabschiedet (Projektgründung) (vgl. Abb. 2.5). Da es ohne Zielvorgabe kein Projekt gibt, ist die erste Handlung des Projektmanagements das Projektziel zu definieren, welches mit dem Projektauftrag konform ist. Dabei ist darauf zu achten, dass die Zieldefinition vollständig, eindeutig in der Definition, prüf-/messbar sowie realistisch in ihrer Erreichbarkeit ist. Um zu vermeiden, dass es im Laufe des Projektablaufes zu kommunikativen Missverständnissen kommt, wird das Projektziel einschließlich eines Anforderungskatalogs, eines Pflichtenhefts und einer Leistungsbeschreibung in Zusammenarbeit mit dem Auftraggeber erstellt.

---

[2] Burghardt, M. (2013), S. 12.

Abb. 2.5 Projektdefinition

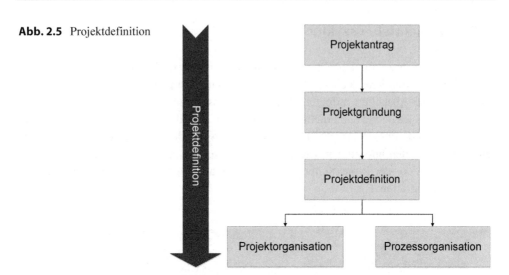

Generell gilt, dass unpräzise formulierte Ziele unzureichende Ergebnisse nach sich zie-hen. Das nachfolgende betont simpel konstruierte Beispiel zeigt, wie unterschiedlich ein Projektauftrag zur „Erstellung eines Ferienhauses" ausformuliert sein kann (vgl. Abb. 2.6). Während in der linken Projektbeauftragung noch viel Platz für Interpretationen bleibt, erhält der Auftragnehmer in der rechten Projektbeauftragung auf Grund detaillier-ter Anforderungsspezifikationen ein klares Bild des Endproduktes „Ferienhaus".

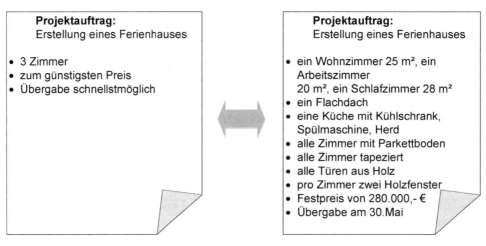

Abb. 2.6 Beispiel eines Projektauftrags

Ob überhaupt beziehungsweise inwieweit das Projektmanagement zur Absicherung des Projektauftrags eine Problemfeldanalyse beziehungsweise Wirtschaftlichkeitsbetrachtung durchführt, hängt von den Umständen, der Notwendigkeit und den Erfahrungen des Projektleiters ab.

Final müssen die Projektorganisation und die Prozess-/Ablauforganisation festgelegt werden (vgl. Abb. 2.7). Projekthandbücher, Richtlinien und die Konzernstruktur dienen als Grundlage für die Festlegung der gesamten Projektorganisation. Wichtig ist, dass bei der Projektorganisation relevante Entwicklungsphasen, Tätigkeitsarten und Entwicklungslinien festgelegt werden.

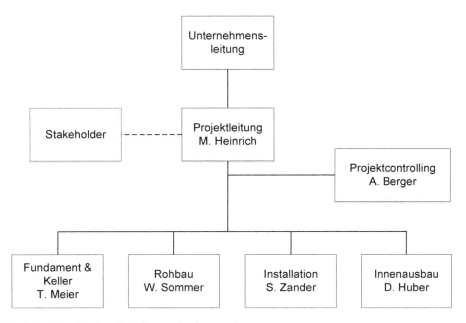

Abb. 2.7 Beispiel einer Projektorganisationsstruktur

2.6.2   Projektplanung

Der nächste Schritt im Projektablauf ist die Projektplanung (vgl. Abb. 2.8). Sie dient dem Projektteam als systematische Informationsgewinnung aller zu erwartenden Abläufe während der Projektdauer. Basierend auf den Informationen aus dem Anforderungskatalog wird der Strukturplan erstellt.

Das Project Management Body of Knowledge definiert den Projektstrukturplan als „[…] *hierarchische Aufteilung der Arbeit, damit diese durch das Projektteam ausgeführt werden kann* […]". Er stellt das Fundament für die gesamte Projektplanung einschließlich Terminen, Ressourcen und Kosten dar, welche im weiteren Verlauf die Basis für die Auftragserteilung sowie die Projektkontrollen ist.

Abb. 2.8 Projektplanung

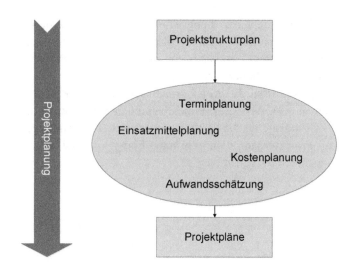

Der Strukturplan soll das gesamte Projekt hierarchisch in planbare und nachvollziehbare beziehungsweise kontrollierbare Teilprojekte untergliedern, welche vom Projektteam auszuführen sind. Die Teilprojekte werden weiter in detaillierte Arbeitspakete unterteilt, bis letztere einzelnen Personen zugeordnet werden können. Ziel dieser Aufteilung ist eine realistische Aufwands-, Kosten-, Einsatzmittel- und Zeitplanung. Anhand der Informationen aus dem Strukturplan können die einzelnen Projektpläne mit Terminen, Meilensteinen, Abhängigkeiten etc. erstellt werden.

Abb. 2.9 gibt einen Überblick, wie die einzelnen Teilpläne, ausgehend vom Projektstrukturplan bis hin zum Kosten-Nutzen-Plan, in der Regel dargestellt werden, um dem Projektmanagement, respektive dem Projektcontrolling eine größtmögliche Aussagekraft bieten zu können.

Die Aufwandsschätzung bei Projekten spielt eine zentrale Rolle, da diese über den Erfolg beziehungsweise Misserfolg des Projekts und seines Ergebnisses entscheidet. Eine realistische Schätzung hilft projektbezogene Entscheidungen zeitnah zu treffen. Die einzelnen Schätzmethoden werden entweder der induktiven (Bottom-up) oder der deduktiven (Top-down) Klasse zugeordnet. Bei der zuletzt genannten Schätzklasse werden nicht die einzelnen Aufwendungen der Arbeitspakete, sondern die Gesamtkosten des Projekts geschätzt. Dabei spielen die Erfahrungen des Auftraggebers eine zentrale Rolle, da dieser häufig den zu erwartenden Aufwand festlegt. Diese vorgegebene Schätzsumme ist jener monetäre Betrag, mit welchem das Projektteam das Projekt durchzuführen hat, beziehungsweise von welchem die Budgets für die Teilprojekte und Arbeitspakete abgeleitet werden müssen.

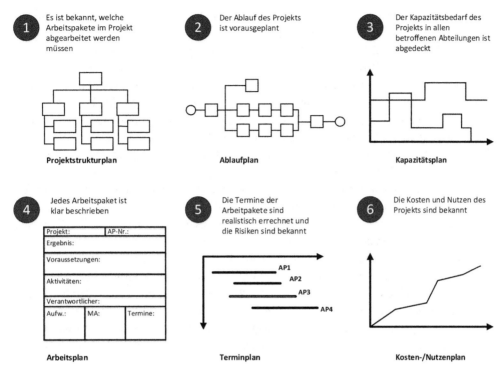

Abb. 2.9 Bestandteile der Projektplanung[3]

Das Bottom-up-Prinzip ist dagegen deutlich aufwendiger, da von den Arbeitspaketen ausgehend alle Arbeitsschritte geplant und bewertet werden. Dafür ist diese Art der Schätzung deutlich präziser, da selbst die kleinsten Arbeitsschritte und Restriktionen (zum Beispiel Feiertage oder Urlaub) berücksichtigt werden. Wichtig hierbei ist, dass die Höhe der Schätzungen nicht als gegeben erachtet, sondern auch hinterfragt wird, denn häufig planen die einzelnen Projektmitglieder größere Budgetpuffer ein, um sicher zu stellen, dass das verfügbare Budget ausreicht. Aber auch bei dieser Methode sind Fehleinschätzungen nicht auszuschließen, da jederzeit interne als auch externe Faktoren die Planungsgrundlage beeinflussen können. Aus diesen Gesamtkosten werden dann die Kosten für die einzelnen Arbeitspakete abgeleitet. Die nachfolgend erläuterten Verfahren zählen zu der induktiven Kategorie.

Im Analogieverfahren werden die Schätzungen auf der Grundlage bereits gemachter Erfahrungen, Vorgehensweisen und Erkenntnisse (Ist-Werte) vorheriger Projekte mit ähnlichen Eigenschaften, zum Beispiel hinsichtlich Projektumfang, Komplexität oder auch Anwendungsgebiet, getroffen. Durch den Vergleich mit einem ähnlichen bereits

---

3 Horváth & Partners (2008), S. 43.

abgeschlossenen Projekt offenbart diese Methode potenzielle Mehr- oder auch Minder-kosten.

Die Delphi-Methode weist Parallelen zum Bottom-up-Verfahren auf. Von diesem un-terscheidet es sich allerdings dahingehend, dass die Bewertungen nicht intern, sondern extern durch unabhängige Experten erfolgen. Auf Basis der geplanten Arbeitspakete und Teilprojekte geben diese ihre jeweiligen Schätzungen ab. Sollten die Ergebnisse auf Basis einer statistischen Auswertung stark voneinander abweichen, so sind die Experten dazu aufgerufen, eine neue Schätzung abzugeben. Dieser Vorgang wird so oft wieder-holt, bis sich die Prognosen der Experten bezüglich der Schätzhöhe in einem verhältnis-mäßig engen Korridor befinden.

Kostenschätzungen, insbesondere für großvolumige Positionen, resultieren in der Re-gel aus verschiedenen Kostenszenarien. Damit soll sichergestellt werden, dass das vom Auftraggeber genehmigte Projektbudget realistische Schätzungen hinsichtlich Aufwand, Zeit und Ersatz beinhaltet.

Die getroffenen Schätzungsprämissen sollten stets dokumentiert werden, damit auch im Nachhinein überprüft werden kann, auf welche Informationen, Annahmen und Rand-bedingungen sich die Schätzungen beziehen. Wichtig ist, dass die Aufwandsschätzungen kontinuierlich während des gesamten Projektverlaufs rollierend betrieben werden, um so die Planungsqualität zu erhöhen. Unabhängig davon, für welches Schätzverfahren sich das Unternehmen entscheidet, ist es bedeutsam, dass dieses verlässlich zu realistischen und nachvollziehbaren Resultaten führt.

So können beispielsweise mit Hilfe von Gantt-Diagrammen, Baumdiagrammen oder der Netzplantechnik Zeitabläufe, Reihenfolgen sowie Abhängigkeiten der einzelnen Arbeitspakete visualisiert werden, mit dem Ziel, Leerlaufzeiten, zeitliche Überschnei-dungen oder Überlastungen aufzudecken. Bei der Kostenplanung gilt es, ein einheitli-ches Kostenkalkulationsschema zu entwerfen und dieses ganzheitlich auf das Projekt anzuwenden. Nur so ist eine arbeitsschrittübergreifende Kontrolle durch das Projektcon-trolling möglich. Die zu Beginn des Projekts skizzierten Planwerte werden in regelmäßi-gen Abständen, zum Beispiel nach jedem Meilenstein oder abgrenzbaren Aufgaben, mit den tatsächlich entstandenen Kosten verglichen.

Der Projektstrukturplan stellt eine Konstruktion dar, die keine detaillierten Aussagen über den Leistungsinhalt und -umfang der einzelnen Teilprojekte und Arbeitspakete macht (vgl. Abb. 2.10). Aus diesem Grund muss für jedes Arbeitspaket und somit für jedes Teilprojekt eine Beschreibung mit Aufgabeninhalt, Zeitbedarf, Aufwandsschät-zung, Qualitätsanforderungen, Kosten etc. erarbeitet werden.

Sämtliche Planungsaktivitäten, die bis dato stattgefunden haben, werden in einem konsistenten Dokument (gegebenenfalls auch in mehreren zusammenhängenden Doku-menten) festgehalten. Dies bildet die Basis für die Kontrolle und Steuerung des Projekts.

Abb. 2.10 Prozessschritte bei der Erstellung eines Projektstrukturplans[4]

Je detaillierter die Ausarbeitung des Projektstrukturplans erfolgt, desto einfacher ist im zweiten Schritt die Ableitung einzelner Arbeitspläne (vgl. Abb. 2.11). Diese wiederum sollen eindeutige, detailreiche Informationen über das Ziel/den Leistungsumfang, Aufgaben und Termine, Ergebnisse, benötigte Finanzmittel, Kosten/Leistung, Schnittstellen, Verantwortliche (Person & Stelle) und die entsprechende Bezeichnung des Arbeitspakets enthalten. Der Ablaufplan, welcher auf dem Projektstrukturplan und dem Arbeitsplan basiert, zeigt auf, welche Abhängigkeiten zwischen den einzelnen Vorgängen bestehen. Diese können grundsätzlich entweder parallel, nacheinander oder auch unabhängig voneinander ablaufen. Ebenso lassen sich über diese integrierte Sicht der Teilpläne Zeitabstände zwischen den einzelnen Vorgängen ablesen (vgl. Abb. 2.12).

---

4   Vgl. Horváth & Partners (2008), S. 52.

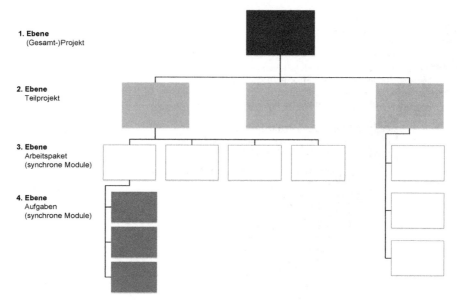

Abb. 2.11   Projektstrukturplan[5]

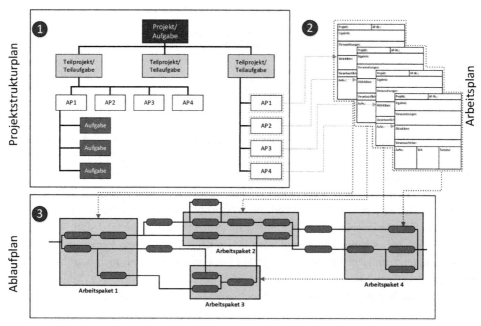

Abb. 2.12   Interaktion zwischen Projektstrukturplan und Ablaufplan[6]

---

5   Vgl. Horváth & Partners (2008), S. 50.
6   Vgl. Horváth & Partners (2008), S. 62.

2.6.3 Projektplan

Der Begriff Projektplan stammt aus dem Bereich des Projektmanagements. Er enthält sämtliche Planungsaktivitäten in mehreren sich ergänzenden Dokumenten. Die Qualität dieses Projektplanes ist eine wichtige Voraussetzung für den Erfolg des Projekts. Die Aufgabe des Projektplans besteht darin, der Komplexität eines Projekts Transparenz zu geben, indem alle Planungsaktivitäten einschließlich der dafür verantwortlichen Personen des Projekts in einer konsistenten Form dokumentiert werden.

Insbesondere sollte ein Projektplan dadurch gekennzeichnet sein, dass er den Verantwortlichen auf der Grundlage der Projektbeauftragung valide Aussagen hinsichtlich zu erwartender Kosten macht, unter Berücksichtigung eines individuellen Terminplans. Durch diese Kombination von einzuhaltenden Terminen einerseits und damit verbundenen Kosten andererseits lässt sich frühzeitig die Bereitstellung benötigter Kapazitäten und Kapitalmittel planen. Ausgehend von dieser Planung werden sämtliche Aktivitäten des Projekts antizipiert und im Zeitpunkt der tatsächlichen Umsetzung koordiniert.

Demzufolge ist der Projektplan auch darauf ausgerichtet, „Blindarbeiten" zu vermeiden, eben aufgrund der mit ihm einhergehenden Transparenz in Bezug auf das Projektgeschehen. In der Konsequenz dient der Projektplan ebenfalls dazu, potenzielle Risiken frühzeitig zu erkennen und in der Folge ihre Auswirkungen zu begrenzen oder gar völlig zu vermeiden.

Abb. 2.13 zeigt beispielhaft die Terminplanung als Teilplan eines Projektplans auf. Der erforderliche Detaillierungsgrad der zu berücksichtigenden Bestandteile eines Projekts ist spezifisch für jedes Projekt zwischen Auftraggeber und Projektmanagement schriftlich zu vereinbaren.

Generell ist die Erarbeitung eines solchen Plans nicht nur kosten-, sondern auch zeitaufwendig, da alle Ebenen der Projektorganisation involviert sind, vom Projektleiter bis hin zum einzelnen Projektmitglied. Darüber hinaus bietet der Projektplan eine zielführende Basis für zukünftige, über das eigentliche Projekt hinausragende Aktivitäten, da viele verschiedenste Bestandteile, Blickwinkel und Fragestellungen berücksichtigt werden.

In Bezug auf die Darstellung gibt es keine festgelegten Vorgaben beziehungsweise Richtlinien, jedoch sollte die Gestaltung innerhalb des Projekts identisch sein, damit im Projekt bereichsübergreifende Kontrollen und Vergleiche zwischen Soll- und Ist-Werten durchgeführt werden können. Ebenso gibt es keine Vorgaben bezüglich des Inhalts und den Bestandteilen des Projektplans. Gleichwohl soll versucht werden, den Aufbau schlank zu gestalten, um unnötige Komplexität zu vermeiden. Bei einfachen Projekten ist es ratsam, eine schlichte Terminliste als Unterlage für die Terminplanung zu verwenden. Erst der fertig ausgearbeitete Projektplan verleiht dem gesamten Projektablauf die notwendige Transparenz, benennt verantwortliche Personen und dokumentiert Plankosten, Termine und Aktivitäten. Die betreffenden Unterlagen sollten zwischen den Projektpartnern explizit benannt und vereinbart werden.

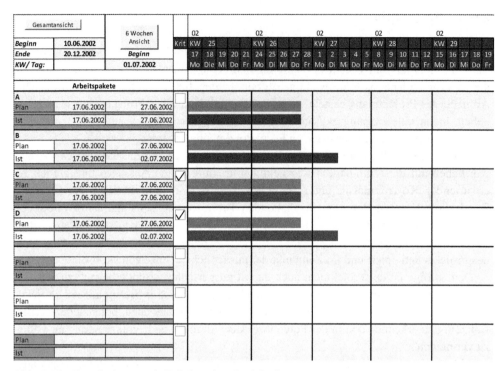

Abb. 2.13 Terminplanung als Teilplan eines Projektplans

Mit zunehmendem Projektfortschritt ändern sich in der Regel Projektstruktur-, Meilenstein- und Budgetplan. Das liegt daran, dass zu Beginn dem Projektleiter beziehungsweise Projektcontroller nur wenige Informationen zur Verfügung stehen, die eine nachhaltige Planung ermöglichen. Mit dem Erreichen nachfolgender Meilensteine und Projektphasen kann die Anpassung aufgrund der nun vorhandenen Daten immer exakter erfolgen. Da der Projektplan als Richtlinie/Leistungsmaßstab für das Projekt für verschiedene Adressaten (zum Beispiel Auftraggeber, Projektleiter, Projektcontroller, Linien- oder Programmmanager) dient, wird dieser nicht nur zu Beginn des Projekts erstellt, sondern über die gesamte Dauer des Projekts überprüft, angepasst und verfeinert. Diese regelmäßige Überarbeitung ist notwendig, da sie für die Projektsteuerung eine unabdingbare Voraussetzung ist. Ein zu seltenes – allerdings auch ein zu häufiges – Anpassen kann sich gegebenenfalls auch negativ auf die ursprünglichen Projektziele auswirken.

Zusammenfassend kann konstatiert werden, dass der Projektplan alle bis zum Abschluss der Projektplanung entwickelten Planungsbestandteile dokumentiert. Dieser dient dem Projektcontrolling als Basis für zukünftige Steuerungs-, Kontroll- und Analyseaktivitäten.

Generell sollte in der Projektplanung das Risiko-, Qualitäts- und Change-Management berücksichtigt werden. Ein installiertes Change-Management ist die Basis zur Anpassung der Projekt-Baseline für genehmigte Änderungen.

Bereits bei der strategischen Projektauswahl ist eine grobe Risikoanalyse erforderlich, um potenzielle Risiken aufzuzeigen. Da Risiken in sämtlichen Phasen des Projektverlaufs auftreten können, ist es wichtig diese kontinuierlich zu identifizieren, zu bewerten und Maßnahmen zu ergreifen. Durch das Erkennen potenzieller Risikofaktoren ist es möglich, deren Auswirkungen auf das Projekt zu analysieren und entsprechende Gegenmaßnahmen zu implementieren.

Mit Hilfe des Risikocontrollings, welches häufig als ein Bestandteil des Risikomanagements gesehen wird, ist die Projektleitung in der Lage, führungsbezogene Entscheidungen unter Berücksichtigung potenzieller Risiken zu treffen. Auf den Komplex Risikomanagement wird an anderer Stelle in diesem Buch noch detaillierter eingegangen.

2.6.4   Projektdurchführung

Nach Abschluss aller Vorbereitungen beginnt die eigentliche Durchführung des Projekts. Die Projektkontrolle ist integraler Bestandteil dieser Phase und wird vom Projektcontrolling wahrgenommen, um zeitnah Fehlentwicklungen (Soll/Plan-Ist-Abweichungen) aufzuzeigen (vgl. Abb. 2.14).

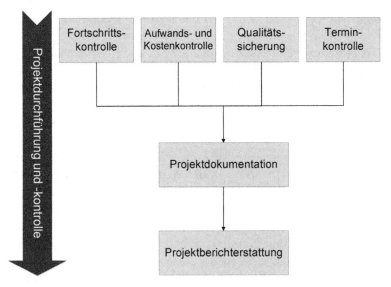

Abb. 2.14   Projektdurchführung/-kontrolle

Identifizierte Abweichungen vom ursprünglichen Projektplan sollten mittels wirksamer Korrekturen durch entsprechende Maßnahmen eliminiert oder zumindest gemindert werden, wenngleich grundsätzlich auch die Notwendigkeit von Neuanpassungen der ehemaligen Planvorgaben zu prüfen ist, sollten sich diese in einer ex post Betrachtung als unrealistisch erweisen. Diese Anpassung kann – im worst case – zu einem Abbruch des Projekts führen.

Die Voraussetzung für eine schnelle und effiziente Projektsteuerung ist das zeitnahe Reagieren und Agieren der Projektkontrolle. Erfolgreiche Projektsteuerung erfordert ein effizientes und effektives Projektcontrolling, welches Planabweichungen rechtzeitig erkennt. Das Projektcontrolling ist von verschiedenen Aufgabenträgern und Instanzen im Projekt wahrzunehmen. So haben Projektleiter, Projektcontroller und ausführende Projektmitarbeiter Abweichungen zu erkennen, zu analysieren und entsprechende Maßnahmen zu ergreifen. Um die Auditfähigkeit zu gewährleisten, sind die Abweichungen und Maßnahmen zu dokumentieren, was in Form eines sogenannten Projektreportings erfolgt. In der Projektdokumentation werden alle Informationen von der Projektplanung über die Durchführung bis hin zum Abschluss vermerkt. Die Stakeholder erhalten zu festen Terminen einen Projektstatusbericht, der sie über alle relevanten Informationen unterrichtet.

Nach DIN EN ISO 8402 ist ein Audit „*eine systematische, unabhängige Untersuchung, um festzustellen, ob die qualitätsbezogenen Tätigkeiten und damit zusammenhängenden Ergebnisse den geplanten Anforderungen entsprechen, und ob diese Anforderungen tatsächlich verwirklicht und geeignet sind, die Ziele zu erreichen*".

Zu Beginn eines Projekts werden nicht nur mögliche Risiken, Kosten und Zeitrahmen berücksichtigt und geplant, sondern auch die Teilziele, welche im Laufe des Projekts erreicht werden sollen. Die festgelegten Ergebnisse von Arbeitspaketen, Meilensteinen und auch Teilprojekten müssen permanent auf Abweichungen hin überprüft werden, um rechtzeitig auf Veränderungen reagieren zu können. Der Erfolg eines Projekts kann nur dann überprüft werden, wenn die Ergebnisse messbar sind. Um die Ergebnisse zu visualisieren, bedient sich das Ergebniscontrolling verschiedenster Methoden, wie zum Beispiel der Gesamt-Roadmap, der Leistungs- und Budgetkontrolle, der Ergebnistrendanalyse etc.

Die Gesamt-Roadmap (vgl. Abb. 2.15) zeigt visuell den Status aller Ergebnisse eines Kalenderjahres. Auf einer horizontalen Linie werden alle Ergebnisse projektweise angeordnet. Um eine bessere Übersicht zu gewährleisten, verzichtet die Roadmap auf die Darstellung der einzelnen Teilergebnisse. Erst wenn alle einem Ergebnis zugewiesenen Teilergebnisse vollständig erarbeitet sind, gilt dieses als „erfüllt". Im anderen Fall wird dieses visuell als „nicht erfüllt" vermerkt. Dies kann zu Verzerrungen führen, da nicht erkennbar ist, wie der aktuelle Stand der Teilergebnisse ist. Um dieser Unsicherheit entgegenzuwirken wird empfohlen, der Roadmap eine detaillierte Aufstellung beizufügen, welche Aufschluss über alle offenen Ergebnisse samt zugehöriger Teilergebnisse liefert. Auch zeitliche Veränderungen werden bei der Roadmap berücksichtigt.

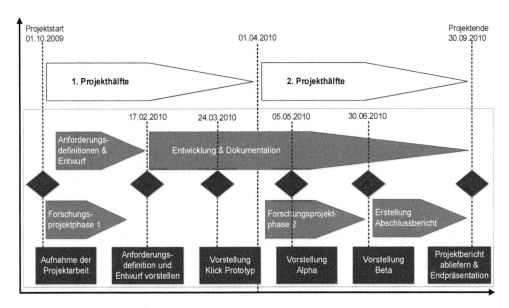

Abb. 2.15 Gesamt-Roadmap am Beispiel eines Forschungsprojekts

Schon aus etymologischer Sicht befasst sich das Leistungscontrolling mit der erbrachten Leistung (beziehungsweise Fortschritt), welche zu einem festgelegten Zeitpunkt ins Verhältnis zur Gesamtleistung eines Projekts gestellt wird. Als Instrument des Leistungscontrollings lässt sich die Balanced Scorecard nutzen, da sie auf den betrieblichen Leistungserstellungsprozess (Ressourcen, Prozess und Produkte sowie Kunden und Märkte) und die gegenläufigen Finanzströme ausgerichtet ist. Auf sie wird an anderer Stelle in diesem Buch eingegangen.

Als Budget werden alle einem Projekt zur Verfügung stehenden Finanzmittel bezeichnet, was wiederum bedeutet, dass sich die Auszahlungen eines Projekts lediglich innerhalb dieses Budgets bewegen dürfen. Über die gesamte Projektlaufzeit betrachtet das Projektcontrolling die Entwicklung der Ausschöpfung des Budgets. Schwerpunktmäßig steht dabei die jederzeitige finanzielle Deckung im Fokus. Weicht die Kostenentwicklung von der Planung ab, so müssen wirksame Anpassungen vorgenommen werden.

Regelmäßige Kontrollen während des Projektverlaufs sind notwendig, um sicherzustellen, dass die Anweisungen der Projektbeauftragung vereinbarungsgemäß ausgeführt werden. Dafür ist es unerlässlich, sämtliche Meilensteine eines Projekts inhaltlich so präzise wie möglich zu definieren. Erst wenn die Ergebnisse der Meilensteine genauestens geprüft wurden, wird über den weiteren Projektverlauf entschieden. Ein Projekt kann auf Basis der erreichten Ergebnisse

- so weitergeführt werden wie geplant,
- weitergeführt werden, nachdem die nachfolgenden Meilensteine aufgrund neuer Erfahrungen zeitlich und inhaltlich angepasst wurden,
- oder abgebrochen werden, da ein Projektabschluss nicht oder nur unter unrentablen Bedingungen erreichbar ist.

In diesem Zusammenhang ist die Ergebnistrendanalyse ein bedeutendes Mittel, um den zeitlichen Verlauf von Ergebnissen darzustellen und zu gewährleisten, dass alle Ressourcen bestmöglich ausgeschöpft werden.

Über den gesamten Projektverlauf werden in regelmäßigen Abständen die Ergebnisse eines Projekts neu bewertet und bei Abweichungen oder Verschiebungen neu terminiert. Als Darstellungsform eignet sich hierfür insbesondere die Meilenstein-Trendanalyse. Treten die Termine planmäßig ein, werden diese mit einer horizontalen Linie gekennzeichnet. Zeitliche Verschiebungen hingegen werden durch einen Linienanstieg (Verzögerung) oder -abfall (Terminvorverlegung) visualisiert. Die Meilenstein-Trendanalyse in Kapitel 4.2.2 stellt diese Verschiebungsmöglichkeiten grafisch dar.

Zeitliche Verzögerungen können zu Stillstands- oder Leerlaufzeiten im späteren Ablauf führen, wodurch Kosten erhöht werden, oder der Fertigstellungstermin nicht eingehalten werden kann, oder beides. Um die Qualität zu garantieren, prüfen Verantwortliche stichprobenartig die Ergebnisse.

2.6.5 Projektabschluss

Die letzte Phase des Projektmanagements ist der Projektabschluss (vgl. Abb. 2.16). Hier erfolgt die Übergabe des Projektergebnisses an den Auftraggeber. Dies geschieht nach einer sorgfältigen Prüfung durch beide Parteien. Die Abnahme selbst wird in einem Abnahmeprotokoll dokumentiert und von Auftraggeber als auch -nehmer unterzeichnet.

Nach der Abnahme erfolgt eine abschließende interne Projektanalyse. Ein wichtiger Bestandteil sind hierbei die sogenannten *Lessons Learned*, welche alle aus dem Projekt gewonnenen Erkenntnisse, sei es durch Erfahrungen, Fehler, Entwicklungen oder Risiken, schriftlich dokumentieren. Die Analyse soll helfen, Schwachstellen im Ablauf, bei der Terminierung, bei der Aufwandsschätzung sowie bei der Kostenplanung aufzuzeigen, um diese in den nachfolgenden Projekten zu vermeiden. Ebenso ist empfohlen, auch positive Erfahrungen mit zum Beispiel erstmals angewendeten Instrumenten und Methoden schriftlich niederzulegen. Alle gesammelten Informationen sollten strukturiert und auf einer zentralen Plattform für alle internen Projektbeteiligten zugänglich gemacht werden. Durch dieses Forum erhofft sich das Unternehmen, dass ein reger Wissensaustausch stattfindet, welcher dazu beiträgt, Fehler gleicher oder ähnlicher Art bei anderen Projekten zu verhindern. Darüber hinaus trägt das Lessons Learned maßgeblich zum kontinuierlichen Verbesserungsprozess (Continuous Improvement) bei.

Abb. 2.16   Projektabschluss

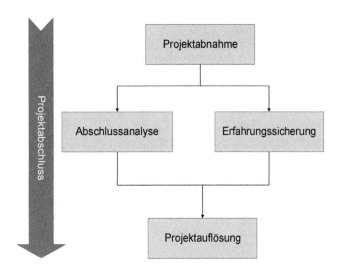

Da sich ein Projekt unter anderem durch einen terminierten Anfangs- und Endzeitpunkt definiert, wird die interne Projektstruktur nach Abschluss – demzufolge auch nach Abbruch – aufgelöst. Die im Projekt tätigen Mitarbeiter werden entweder für neue Projekte oder in ihrer ursprünglichen Abteilung eingesetzt. Ebenso werden die vom Projekt gebundenen Ressourcen wieder freigegeben.

2.7   Quellen

Literaturquellen:

Burghardt, Manfred: Projektmanagement – Leitfaden für die Planung, Überwachung und Steuerung von Entwicklungsprojekten, 5. Aufl., Erlangen und München: MCD Verlag, 2000.

Burghardt, Manfred: Einführung in das Projektmanagement – Definition, Planung, Kontrolle, Abschluss, 6. Aufl., Erlangen und München: MCD Verlag, 2013.

DIN – Deutsches Institut für Normung e.V., Definition nach DIN 69901-5.

DIN – Deutsches Institut für Normung e.V., Definition nach DIN 69901.

Drews, Günter; Hillebrand, Norbert: Lexikon der Projektmanagement-Methoden, 2. Aufl., Freiburg: Haufe-Lexware GmbH, 2010.

Fiedler, Rudolf: Controlling von Projekten, 7. Aufl., Wiesbaden: Vieweg und Teubner Verlag, 2016.

Horvàth & Partners (Hrsg.): Projektcontrolling, seminarbegleitende Unterlage, Stuttgart 2008.

Huch, Burkhard; Behme, Wolfgang; Ohlendorf, Thomas: Rechnungswesen-orientiertes Controlling, 4. Aufl., Heidelberg: Physica-Verlag, 2004.

Olfert, Klaus; Steinbuch, Pitter A.: Kompakt-Training Projektmanagement, Ludwigshafen: Kiehl, 2002.

Schwalbe, Kathy: Information Technology Project Management, 8. Aufl., Massachusetts: Inc. Thomson Learning, 2016.

Snijders, Paul; Wuttke, Thomas; Zandhuis, Anton: PMBOK® Guide – Pocket Edition, 5. Aufl., Zaltbommel: Van Haren Publishing, 2013.

Wieczorrek, Hans-W.; Mertens, Peter: Management von IT-Projekten, 4. Aufl., Berlin: Springer Verlag, 2011.

Internetquellen:

PROJEKTMANAGEMENT24.DE: Matrix-Projektorganisation online im Internet: https://projekt management24.de/matrix-projektorganisation-vorlage-in-powerpoint-zum-download   [Zugriff: 30/09/2016].

PROJEKTSTRUKTURPLAN.COM (Hrsg.): Was ist ein Projektstrukturplan? 2012, online im Internet: http://projektstrukturplan.com/ [Zugriff: 30/09/2016].

Pruckner, Bianca (hrsg. von Domendos Consulting): Arbeitsplatzbeschreibung, 2012, online im Internet: http://www.domendos.com/fachlektuere/fachartikel/artikel/arbeitspaketbeschreibung/ [Zugriff: 30/09/2016].

Das Projektcontrolling

3

3.1 Definition Controlling

Obgleich der Begriff und damit einhergehend die Methoden des Controllings in der modernen Betriebswirtschaftslehre zweifellos fest verankert sind, lässt sich interessanterweise in der Fachliteratur keine einheitliche Definition des Begriffs finden. Nachfolgend sei dies an einigen bedeutenden Beispielen demonstriert:

Horváth schlägt als Definition des Controllings folgende Ausführung vor:

▶ „[…] *Controlling ist – funktional gesehen – dasjenige Subsystem der Führung, das Planung und Kontrolle sowie Informationsversorgung systembildend und systemkoppelnd ergebnisorientiert koordiniert und so die* Adaption *und Koordination des Gesamtsystems unterstützt. Controlling stellt damit eine Unterstützung der Führung dar: Es ermöglicht ihr, das Gesamtsystem ergebniszielorientiert an Umweltveränderungen anzupassen und die Koordinationsaufgaben hinsichtlich des operativen Systems wahrzunehmen.* […]"[1]

Reichmann versteht unter Controlling

▶ „[…] *die zielbezogene Unterstützung von Führungsaufgaben, die der systemgestützten Informationsbeschaffung und Informationsverarbeitung zur Planerstellung, Koordination und Kontrolle dient; es ist eine rechnungswesen- und vorsystemgestützte Systematik zur Verbesserung der Entscheidungsqualität auf allen Führungsstufen der Unternehmung.* […]"[2]

---

[1] Horvath, P. et al. (2015), S. 58.
[2] Reichmann, T. et al. (2017), S. 19.

© Springer Fachmedien Wiesbaden GmbH, ein Teil von Springer Nature 2019
B. Zirkler et al., *Projektcontrolling*, https://doi.org/10.1007/978-3-658-23714-1_3

Preißler definiert Controlling als

▶ „[…] *ein funktionsübergreifendes Steuerungsinstrument, das den unternehmerischen Entscheidungs- und Steuerungsprozess durch zielgerichtete Informationserarbeitung und -verarbeitung unterstützt.* […]"[3]

Allen Definitionen ist gemein, dass sie unter Controlling eine Steuerungs- und Koordinationskonzeption subsumieren. Ein Unternehmen ist mithilfe des Controllings in der Lage, alle relevanten Unternehmensprozesse numerisch abzubilden, mit dem Ziel, das Unternehmensvermögen zu sichern und zu mehren. Durch Planungs-, Kontroll-, Analyse- und Steuerungsaktivitäten kann das Controlling alle wert- und zahlenmäßigen Informationen transparent gestalten und an den jeweiligen Empfänger kommunizieren (vgl. Abb. 3.1). Damit stellt das Controlling dem Management essenzielle Informationen in Vorbereitung auf Entscheidungen zur Verfügung. Heutzutage ist es notwendig, dass Unternehmen in der Lage sind, sich auf veränderte Gegebenheiten und Situationen zügig einzustellen. Generell wird das Controlling nach operativen und strategischen Gesichtspunkten unterschieden.

Abb. 3.1 Kybernetischer Kreislauf der Controllingaktivitäten

---

3 Preißler, P. R. (2014), S. 2.

3.2   Projektcontroller

Projektcontroller sind Mitarbeiter eines oder mehrerer Projekte, welche die einzelnen Controllingaufgaben zentral oder dezentral wahrnehmen und organisieren. Dies beinhaltet insbesondere die schlanke Gestaltung von Strukturen oder Prozessen sowie eine effiziente Projektabwicklung. Obgleich sie aus fachlicher und organisatorischer Sicht in der Regel der Linie zugeordnet sind, bilden sie die Schnittstelle zwischen Linie (Unternehmenscontrolling) und Projekt. Es ist zielführend, den Projektcontroller direkt der Projektleitung zu unterstellen, um abzusichern, dass dieser alle relevanten Informationen ohne Verzögerung erhält, was wiederum die Projektleitung in die Lage versetzt, bei Bedarf unmittelbar zu reagieren. Die konkreten Aufgaben eines Projektcontrollers sind zum einen abhängig vom Führungsstil des Projektleiters, zum anderen aber auch von der Beschaffenheit des Projekts.

In diesem Zusammenhang lassen sich zwei historische, aber noch immer relevante Definitionen aus den Jahren 1949 und 1975 bezüglich der Aufgaben des Controllers anführen:

Jackson (1949) definierte die Aufgaben des Controllers als

▶ „[…] *the basic function of the controller is to take accounting out of its strait jacket so that it can be used by practical management.*"[4]

Goodmans Definition bezüglich der Aufgaben lautete 1975:

▶ „[…] *The Controller is the financial executive of a large or medium sized corporation who combines the responsibilities* […]."[5]

Jackson und *Goodman* formulierten treffend, welche bedeutenden funktionalen Aufgaben dem (Projekt-)Controlling zukommen und welche Verantwortung damit einhergeht.

Das Deutsche Institut für Normung beschreibt Projektcontrolling nach DIN 69901 als einen Regelkreis zur

▶ „[…] *Sicherung des Erreichens der Projektziele durch:*
  − *Soll-Ist-Vergleich*
  − *Feststellung der Abweichungen*
  − *Bewertung der Konsequenzen*
  − *Vorschlag von Korrekturmaßnahmen*
  − *Mitwirkung bei der Maßnahmenplanung &*
  − *Kontrolle der Durchführung* […]"[6]

---

[4] Jackson, J. H. (1949), S. 25 f.
[5] Goodman, S. (1975), S. 17 ff.
[6] Vgl. Fiedler, R. (2016), S. 8.

Horváth & Partners entwickelten 2008 fünf Grundsätze des Projektcontrollings (vgl. Abb. 3.2).

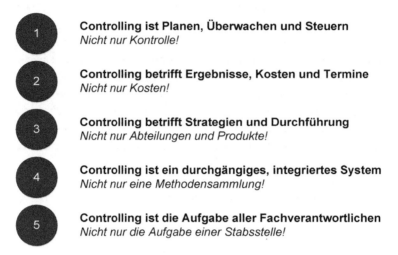

Controlling ist Planen, Überwachen und Steuern
Nicht nur Kontrolle!

Controlling betrifft Ergebnisse, Kosten und Termine
Nicht nur Kosten!

Controlling betrifft Strategien und Durchführung
Nicht nur Abteilungen und Produkte!

Controlling ist ein durchgängiges, integriertes System
Nicht nur eine Methodensammlung!

Controlling ist die Aufgabe aller Fachverantwortlichen
Nicht nur die Aufgabe einer Stabsstelle!

Abb. 3.2   Fünf Grundsätze des Projektcontrollings[7]

3.3   Rolle des Projektcontrollings im Unternehmen

Das Projektcontrolling steht in einem wichtigen Beziehungszusammenhang zum Projektmanagement. Ohne dieses wäre ein Projekt ab einer bestimmten Größe der Gefahr des Scheiterns ausgesetzt, da das Projektmanagement selbst nicht mehr in der Lage wäre, dieses nach den Gesichtspunkten des Controllings zu managen. Wie vielschichtig die Aufgaben des Projektcontrollings gegenüber dem Projektmanagement sind, zeigt Abb. 3.3.

Das Projektcontrolling begleitet das Projekt in allen Phasen, von der Planung über die Realisation bis hin zum Abschluss. Wie auch beim betrieblichen Controlling in Linienorganisation besteht die Hauptaufgabe des Projektcontrollings darin, die vorgegebenen Ziele bezüglich Termin, Kosten und Ressourcen mit geeigneten Instrumenten und Maßnahmen zu überwachen und zu steuern. Das Projektcontrolling steht somit in der Verantwortung, Transparenz in die zum Teil sehr komplexen Projekte in Bezug auf Effektivität und Effizienz zu bringen. Die konkrete Form der Realisierung, wie das Projektcontrolling in das Unternehmen integriert ist, hängt sowohl von der Art des Projekts als auch von der Organisationsform der Projektsteuerung ab.

---

[7]   Vgl. Horváth & Partners (2008), S. 24.

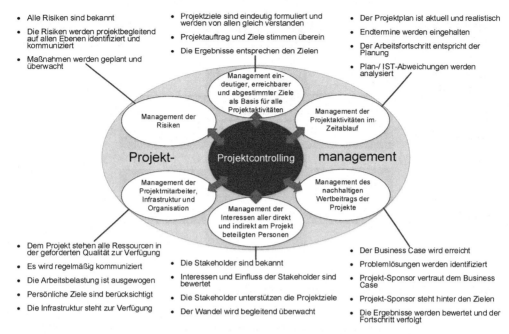

- Alle Risiken sind bekannt
- Die Risiken werden projektbegleitend auf allen Ebenen identifiziert und kommuniziert
- Maßnahmen werden geplant und überwacht

- Projektziele sind eindeutig formuliert und werden von allen gleich verstanden
- Projektauftrag und Ziele stimmen überein
- Die Ergebnisse entsprechen den Zielen

- Der Projektplan ist aktuell und realistisch
- Endtermine werden eingehalten
- Der Arbeitsfortschritt entspricht der Planung
- Plan-/ IST-Abweichungen werden analysiert

- Dem Projekt stehen alle Ressourcen in der geforderten Qualität zur Verfügung
- Es wird regelmäßig kommuniziert
- Die Arbeitsbelastung ist ausgewogen
- Persönliche Ziele sind berücksichtigt
- Die Infrastruktur steht zur Verfügung

- Die Stakeholder sind bekannt
- Interessen und Einfluss der Stakeholder sind bewertet
- Die Stakeholder unterstützen die Projektziele
- Der Wandel wird begleitend überwacht

- Der Business Case wird erreicht
- Problemlösungen werden identifiziert
- Projekt-Sponsor vertraut dem Business Case
- Projekt-Sponsor steht hinter den Zielen
- Die Ergebnisse werden bewertet und der Fortschritt verfolgt

Abb. 3.3   Aufgaben des Projektcontrollings gegenüber dem Projektmanagement[8]

Die Einbettung der Projekte in die Organisationsstruktur eines Unternehmens kann grundsätzlich auf Basis einer Stabs-, Matrix- oder einer reinen Projektorganisation erfolgen (vgl. Abb. 3.4). Es ist möglich, dass die Form der Projektorganisation innerhalb eines Unternehmens, gemäß individueller Projektanforderung, variiert. Die letztendlich verwendete Form der Projektorganisation sollte davon abhängig gemacht werden, inwiefern sie dazu dient, die Effizienz der Arbeits- und Kommunikationsabläufe zwischen den am Projekt beteiligten Mitarbeitern und jenen des übrigen Unternehmens zu optimieren. Insofern ließe sich der aus der Architektur entlehnte Gestaltungsleitsatz „*Form follows function*" ebenso auf die Projektorganisation übertragen.

---

[8]   Vgl. Horváth & Partners (2008), S. 129.

Abb. 3.4 Organisationsstruktur von Projekten[9]

3.4   Aufgaben des Projektcontrollings

Die Aufgaben des strategischen und operativen Projektcontrollings sind während des gesamten Ablaufs des Projektmanagements vielschichtig, können je nach Ausrichtung und Vorgaben variieren und gehen weit über die rein finanzielle Betrachtung hinaus.

Das Schaubild verdeutlicht, dass das Projektcontrolling sämtliche Phasen eines Projekts, von dessen Konzeptionierung bis hin zum Abschluss aktiv begleitet und unterstützt (vgl. Abb. 3.5).

So fokussiert sich das strategische (langfristige Sicht) Projektcontrolling auf die Entscheidungsfindung, welche Projekte im Unternehmen durchgeführt werden sollen. Bevor es zu einer endgültigen Projektauswahl kommt, analysiert das Controlling die Effektivität eines Projekts unter Berücksichtigung verschiedenster Einflussfaktoren, wie zum Beispiel vorhandener Risiken, Ressourcen, Budget, Personal oder Prozesse. Die endgültige Entscheidungsgrundlage bilden nicht nur die Analyseergebnisse, bei welchen verschiedene Projekte anhand unterschiedlicher Determinanten gegenübergestellt und bewertet werden, sondern auch die strategische Ausrichtung des Unternehmens. Ein Unternehmen, dessen primärer Fokus auf Gewinnmaximierung liegt, wird ein Projekt mit hoher Umsatzrentabilität einem anderen, das zum Beispiel auf Erweiterung des Marktanteils abzielt, vorziehen.

---

9   Horváth & Partners (2008), S. 19.

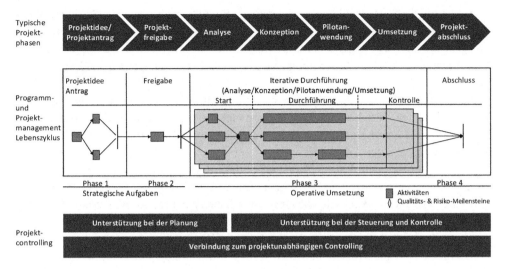

Abb. 3.5   Einfluss des Projektcontrollings über das gesamte Projekt[10]

Obwohl das primäre Ziel die Auswahl geeigneter Projekte (Effektivität) nach oben genannten Kriterien ist, so sind in einer holistischen Betrachtung auch weitere Faktoren zu
berücksichtigen. Das strategische Projektcontrolling muss zum Beispiel darüber hinaus
auch die Basis für die jeweils geeignetste Projektabwicklung (Effizienz) schaffen. Das
bedeutet, dass generelle Aspekte und Gesichtspunkte bezüglich der

- Einführung und Organisation des Projektcontrollings,
- Auswahl und Entwicklung geeigneter Methoden und Instrumente,
- Definition der Grundsätze zur Umsetzung der Projektideen,
- Entwicklung eines Projektmanagement-Handbuchs etc.

bewerkstelligt werden müssen.

Die Effizienz eines Managements lässt sich daran messen, wie schnell es ihm gelingt,
intelligent auf Veränderungen zu reagieren. Um bestmöglich zu reagieren, benötigt das
Management sowohl bei der Planung, als auch bei der Projektdurchführung wirksame
Unterstützung von Seiten des operativen (kurz bis mittelfristiger Fokus) Controllings.

In der ersten Phase des Projektmanagements ist es die Aufgabe des operativen (Pro-
jekt-)Controllings, die avisierten Projektziele zum einen eindeutig zu definieren, zum
anderen messbar zu gestalten. In diesem Zusammenhang ist es von besonderer Relevanz,
die Vereinbarungen transparent und verständlich zu halten, um von den Projektbeteiligten akzeptiert zu werden, was der späteren Realisierung zugutekommt. In der zweiten
Phase wird der Projektstrukturplan mitsamt seinen Teilprojekten und Arbeitspaketen

---

10   Vgl. Horváth & Partners (2008), S. 18.

entwickelt. Dieser Plan bildet die Grundlage für alle nachfolgenden Aktivitäten des Controllings. Insbesondere stellt er auch für alle Vergleiche in Form von Messungen den Ausgangspunkt dar. Jegliche Änderungen im Strukturplan durch zum Beispiel neue Gegebenheiten kann das Controlling durch die klare Struktur einfach und präzise anpassen.

Wie in der Tab. 3.1 aufgezeigt, gibt es mannigfaltige Instrumente und Methoden, die für die einzelnen Tätigkeitsbereiche angewendet werden können. Welche Instrumente konkret zum Einsatz kommen, hängt im Einzelfall von wirtschaftlichen Aspekten, vom Projektumfang und der -laufzeit ab.

Für das Projektcontrolling bedeutet dies, dass das operative Controlling durch das strategische Controlling unterstützt beziehungsweise ergänzt wird. Da beide Ausrichtungen eine permanente Wechselbeziehung untereinander haben, ist eine strikte Trennung nach operativen oder strategischen Gesichtspunkten nicht möglich. Während sich das operative Controlling auf kurz- und mittelfristige Ziele fokussiert, welches eine optimale Nutzung der Erfolgspotenziale bewirken soll, zielt das strategische Controlling auf langfristige Aktivitäten ab, die sich mit den Erfolgspotenzialen an sich beschäftigen.

Tab. 3.1 Beispiele operativer Bereich des Controllings

Beispiele	Mögliche Instrumente
Kosten-, Budget- und Leistungskontrolle	▪ Soll-Ist-Vergleich ▪ Budget- und Kostenplanung ▪ (vollständiger) Finanzplan ▪ ABC-Analyse ▪ Prozesskostenrechnung ▪ Operative Planung (Plan Gewinn- und Verlustrechnung, Bilanz oder Liquidität) ▪ Meilenstein-Trendanalyse ▪ Balanced Scorecard ▪ Earned Value Method ▪ Kosten- und Leistungsrechnung (Deckungsbeitrag, Break-Even-Point, Teil- und Vollkostenrechnung etc.)
Analyse	Auswertung der Ergebnisse/Resultate der einzelnen Instrumente und Methoden
Steuerung	Schnelles und präzises Reagieren auf Abweichungen, die einen festgelegten Prozent- oder Kostensatz überschreiten
Berichtswesen	▪ Kennzahlenanalyse ▪ Nutzung einer Projektmanagement-Software
Erfahrungssicherung	▪ Datenbank mit Knowhow ▪ Interviews/Befragungen ▪ Kennzahlenvergleich

3.5   Ablauf Projektcontrolling

Basis des Projektcontrollings ist die Projektplanung. Die sich aus der Planung ergeben-
den Planwerte bilden eine Vorgabe, wie die einzelnen Projektkomponenten realisiert
werden können. Für das Projektcontrolling von besonderer Bedeutung ist, dass die Werte
zumindest vergleichbar und idealerweise messbar sind. Sie dienen der Projektüberwa-
chung/-kontrolle als Vergleichs- und Messgrößen für die bei der Projektdurchführung er-
zielten Ist-Werte. Gesetzt den Fall, dass die Plan- und Ist-Werte bei der Überwachung
identisch sind (Plan = Ist), dann wäre zwischen dem geplanten und dem tatsächlichen
Wert der Projektkomponenten keine Abweichung zu verzeichnen. Werden hingegen Abweichungen festgestellt, so greift der Projektsteuerungsprozess dergestalt ein, dass sowohl die Ursachen analysiert als auch geeignete Maßnahmen ausgewählt werden, welche zum einen die Ursachen beheben und zum anderen die Folgen der Abweichungen
minimieren beziehungsweise gänzlich eliminieren. Sind Abweichungen durch die Projektsteuerung nicht korrigierbar, müssen diese Änderungen in der Projektplanung durch
Anpassung derselben berücksichtigt und kommuniziert werden. Die angepassten Soll-
Werte werden nach der Genehmigung des Managements im weiteren Projektverlauf als
Basis für die Projektüberwachung verwendet.

Mögliche Quellen für Abweichungen können sein:

a) Planungsfehler
   – Fehlende Planungserfahrungen
   – Projektteile blieben unberücksichtigt
   – Falsche Aufwandsschätzungen
   – Übernahme des Zeit- und Kostendrucks des Auftraggebers in die Planung
   – Komplexität überfordert Mitarbeiter

b) Unvorhersehbare Ereignisse im Projektverlauf
   – Neue Anforderungen im Projektverlauf
   – Technische Probleme
   – Ausscheiden von Mitarbeitern
   – Konkurs von Lieferanten

c) Ausführungsfehler
   – Fehler bei der Planausführung
   – Fehlende/mangelnde Mitarbeiterqualifikation

Wie oben beschrieben, setzt sich dieser Projektcontrolling-Prozess auch bei den anderen
Projektkomponenten in gleicher Weise fort.
   Abb. 3.6 zeigt anhand des Projektcontrollings auf, wie die einzelnen Abläufe/Auf-
gaben ineinander verzahnt sind.

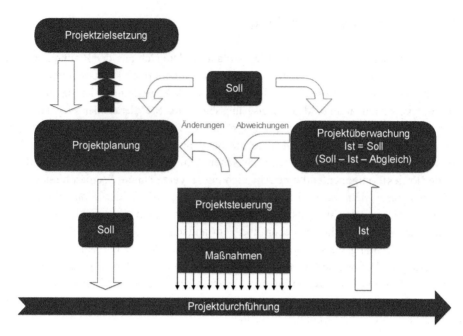

Abb. 3.6 Projektcontrolling-Prozess

3.6   Notwendigkeit des Projektcontrollings

Trotz detaillierter Planung des gesamten Projektmanagements scheitern Projekte oftmals
in der Phase der Umsetzung. Viele Projekte enden ergebnislos beziehungsweise mit
deutlich höheren als den veranschlagten Kosten. Ursache für Letzteres können unter
anderem fehlerhafte Projektvorbereitungen oder mangelnde Projektkontrollen sein. Experten gehen davon aus, dass von 100 Forschungs- und Entwicklungsprojekten 57 technisch, aber lediglich zwölf auch wirtschaftlich erfolgreich sind.[11]

Nach *Gregor* sind im Jahr 2005 deutschlandweit ca. 51 Prozent der IT-Projekte mit
einem erhöhten Kosten- und Zeitaufwand fertiggestellt worden, beziehungsweise kam es
bei rund 15 Prozent zu einem Projektabbruch. Im Gesamten ging man von Projektkosten
in Höhe von 17,3 Milliarden Euro aus, die aber um gut 4,6 Milliarden Euro durch ungeplante Projektaufwendungen überschritten wurden.[12]

---

[11] Vgl. Eglau, H. et al. (2000), S. 10.
[12] Vgl. Gregor, B. (2009), S. 336.

Eine Studie der *Standish Group* bestätigt *Gregors* brisante Resultate bezüglich unrentabler Projekte. Diese zeigt auf, dass über die Hälfte der untersuchten Projekte eine Budgetüberschreitung von mehr als 50 Prozent aufwiesen.[13]

Eine weitere Erhebung bei Unternehmen ergab, dass sie selbst 80 Prozent ihrer Projektresultate als erfolgreich und lediglich 20 Prozent als misslungen klassifizieren würden. Das auf den ersten Blick positiv anmutende Ergebnis ist bei genauerer Betrachtung insofern ernüchternd, als dass in vielen Unternehmen ein Großteil der Kosten durch Projekte verursacht werden[14], weswegen eine Fehlerquote in Höhe von 20 Prozent unter wirtschaftlichen Gesichtspunkten nicht hinnehmbar ist. Schließlich sind damit einhergehende weitreichende interne und externe Auswirkungen auf das Unternehmen zu berücksichtigen, die unter Umständen existenzbedrohende Ausmaße annehmen können. Projekte werden aus betriebswirtschaftlicher Perspektive oft als erfolgreich angesehen, solange diese keine negativen Ergebnisse erwirtschaften. Allerdings ist der Aussagegehalt dieser einen Kennzahl sehr eingeschränkt. Unberücksichtigt bleiben gegebenenfalls angefallene Abweichungen gegenüber ursprünglichen Kosten-, Ressourcen- oder Zeitplanungen, weswegen neue Projekte nicht angenommen werden können, weil die dafür benötigten Ressourcen noch immer durch nicht abgeschlossene Projekte gebunden sind. Folglich entstehen dadurch Opportunitätskosten in Form von entgangenen Erträgen potenzieller anderer Projekte, die in der Zwischenzeit zumindest hätten begonnen, wenn nicht gar abgeschlossen werden können. Als erschwerender Faktor ist hierbei ebenso zu berücksichtigen, dass es in einer globalen Wirtschaft mit stetig steigender Projektkomplexität/-anforderungen sowie ständig wechselnden Gegebenheiten für das Projektmanagement schwieriger wird, sich zum einen zeitnah und zum anderen wirkungsvoll an die neue Situation anzupassen.

Die Tatsache, dass trotz sorgfältiger Planung Projekte innerhalb des Projektzeitraums scheitern, zeigt, dass Gründe und Ursachen näher betrachtet werden müssen. Studien, die im Zusammenhang mit der Effizienz von Projekten durchgeführt worden sind, konnten unabhängig voneinander darstellen, dass die meisten Ursachen internen Ursprungs sind. Die in den Studien am häufigsten genannten Gründe, die im Zusammenhang mit dem Projektcontrolling stehen, sind in Abb. 3.7 samt prozentualer Fehlerhäufigkeit aufgeführt.

Rund 27 Prozent der häufigsten Fehlerursachen gehen auf ein fehlendes oder mangelhaftes Change-Management zurück. Unplanmäßige Änderungen und Einflüsse, die im Laufe der einzelnen Projektphasen auftreten, sorgen dafür, dass ursprünglich vorgesehene Ansätze in Frage gestellt werden. Des Öfteren ist es deswegen alternativlos, Strategien, Strukturen, Systeme, Prozesse oder Verhaltensweisen tiefgreifend den neuen Gegebenheiten anzupassen.

---

13   Vgl. Gesellschaft für Projektmanagement (2003), S. 1.
14   Vgl. ebenda, S. 1.

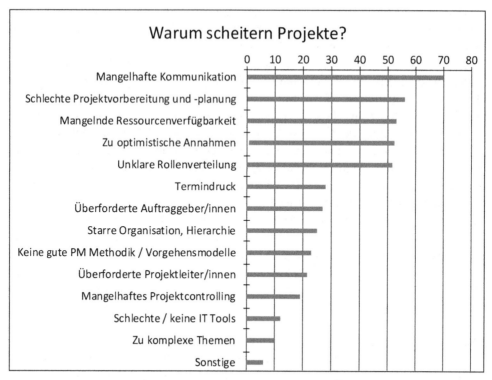

Abb. 3.7 Die häufigsten Ursachen für das Scheitern von Projekten[15]

Die von den Veränderungen betroffenen Projektmanagement-Bereiche berücksichtigen zwar oftmals die primären Gründe der Planabwandlungen, vergessen aber oftmals korrespondierend eine in Hinblick auf die Projektprozesse integrierte Kosten-, Ressourcen- und Zeitanpassung vorzunehmen. Dies führt dazu, dass viele der durchgeführten Projekte im Hinblick auf Ressourcen, Kosten, Leistungen und Termine nicht ihr Ziel erreichen. Daher ist es unerlässlich, ein gut funktionierendes und in das Projektmanagement integriertes Projektcontrolling vorzuhalten, welches die gesamten Abläufe überwacht, kontrolliert und steuernd eingreift. Da das Projektcontrolling in der Regel als Stabsstelle des Projektmanagements fungiert, hat es nicht nur einen Gesamtüberblick über die Abläufe, sondern auch über das Geschehen in den einzelnen Projektbereichen. Dieser Überblick, gepaart mit den entsprechenden Controlling-Instrumenten, lässt schnelles Agieren seitens des Projektcontrollings zu.

Ebenso kann eine mangelnde Kommunikation innerhalb des Projektmanagement-Teams entscheidend für den Ausgang des Projekts sein. Sofern es möglich ist, sollten räumliche und örtliche Trennungen des Projektteams vermieden werden, um so den

---

15 Vgl. Hagen, S. (2009), S. 1.

aktiven Informationsaustausch zu fördern. Sollte dies nicht möglich sein, sind regelmäßig, mindestens wöchentlich, Telefonkonferenzen oder Meetings anzusetzen, um so den ganzheitlichen Wissens- und Erfahrungsaustausch untereinander zu gewährleisten. Darüber hinaus bieten sie eine ideale Plattform zur Darstellung aufgetretener Probleme sowie zur Erarbeitung wirksamer Lösungsvorschläge. Die Aufgabe des Projektcontrollings besteht darin, während dieser Besprechungen dem Projektleiter und den einzelnen Teammitgliedern Daten und Fakten aufgrund von Soll-Ist-Abweichungen aufzuzeigen und darüber hinaus zahlentechnische Zukunftsprognosen bezüglich des Projekts abzugeben.

Als ein weiterer wichtiger Kritikpunkt wurde das mangelhafte Spektrum an Methoden und Techniken des Projektmanagements aufgeführt, da dies zu Unstimmigkeiten von Berichten und Kennzahlen führen kann. Oftmals haben nur große Unternehmen und Konzerne genormte Projektberichte, an denen sich Projektleiter orientieren müssen. Aber auch in Bezug auf Kennzahlen herrscht zuweilen Verwirrung, da gegebenenfalls verschiedene Bildungsvorschriften, die nur bedingt miteinander vergleichbar sind, verwendet werden, beziehungsweise die gleichen Kennzahlen unterschiedliche Inhalte wiedergeben. Standardisierte Berichte und vorgegebene Kennzahlen können mit Hilfe einer geeigneten Software transparent gestaltet werden. Die Überwachung hinsichtlich der Einhaltung liegt in der Hand des Projektcontrollings. Auch dies ist als Grund dafür zu sehen, dass in den letzten Jahren die Bedeutung des Projektcontrollers merklich zugenommen hat. Einst waren (Projekt-)Controller kaum in die operative Abwicklung von Projekten integriert. Im Zuge der teilweise ernüchternden Projekterfahrungen, die Unternehmen in den vergangenen Jahren gesammelt haben, beziehungsweise vor dem Hintergrund veröffentlichter Studienergebnisse, die dieses bestätigen, fand ein Umdenken statt. In der Zukunft sollte weitestgehend vermieden werden, dass aus internen Gründen Projekte erfolglos abgebrochen beziehungsweise mit einem überzogenen Kosten- und Zeitaufwand fertiggestellt werden. Besonders in einer Epoche der Globalisierung ist das Projektcontrolling unabdingbar geworden, dürfen sich doch Unternehmen angesichts des hohen Kosten- und Wettbewerbsdrucks keine großen Fehler leisten.

3.7   Nutzen des Projektcontrollings

Unternehmen, die einen nicht unwesentlichen Teil ihres Ergebnisses durch Projektarbeiten generieren, müssen eine Abwägung treffen, in welchem Umfang sie unter Berücksichtigung der Kosten-Nutzen-Relation ein Projektcontrolling in das Projektmanagement integrieren, wenngleich eine exakte Quantifizierung des monetären Nutzens eines IT-gestützten Projektcontrollings nicht leistbar ist. Evident ist hingegen, dass das Projektcontrolling durch seine phasenübergreifenden Aktivitäten (Planung, Analyse, Kontrolle und Steuerung) einen Überblick über die einzelnen Abläufe besitzt. Dadurch, dass das Projekt in Teilziele (Milestones/Meilensteine) untergliedert ist, ist ein rasches Eingreifen bei

Bedarf möglich. Obgleich das Projektcontrolling zu Beginn des Projekts einen Projekt-
kostenanstieg verursacht, relativiert sich dieser im Laufe der nächsten Abschnitte, da
durch eine intensive Planungs- und Vorbereitungsphase eine genauere Zielstellung möglich ist beziehungsweise potenzielle Fehlerquellen frühzeitig erkannt werden können.
Dies führt in der Regel zu einem effizienteren Ressourceneinsatz und damit zu geringe-
ren Kosten (vgl. Abb. 3.8).

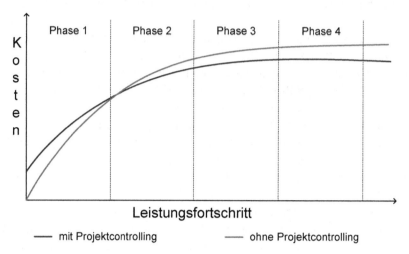

Abb. 3.8 Projektkostenverlauf mit und ohne Projektcontrolling

Regelmäßige Benchmarks in Bezug auf das Unternehmenscontrolling, die von der Unternehmensberatung *Horváth & Partners* durchgeführt werden, kommen zu dem Ergebnis, dass die Kosten des Controllings im Durchschnitt bei ca. 0,35 Prozent des Umsatzes
liegen. Aufgrund fehlender Routine und häufig weniger strukturierter Prozesse liegen die
Kosten für das Projektcontrolling relativ höher.[16] Abb. 3.9 zeigt den Anteil der Projekt-
controlling-Kosten an einem Projekt, basierend auf einer Untersuchung aus dem Jahr
1980, die auch heute noch valide ist.

Die Analyse zeigt, dass sich die Kosten für Projektplanung, -kontrolle und -informa-
tion je nach Projektgröße durchschnittlich im Korridor zwischen 0,5 Prozent und 4 Prozent bewegen,[17] wenngleich Abweichungen nach oben oder unten generell möglich sind.
Dass die prozentualen Kosten für das Projektcontrolling in der Regel höher ausfallen als
jene für das gesamte Unternehmenscontrolling, ist darauf zurückzuführen, dass sich das
Projektcontrolling nur bedingt auf Routineprozesse des gewöhnlichen betrieblichen

---

[16] Vgl. Michel, U./Esser, J. (2006), S. 22.
[17] Vgl. Schmitz, H./Windhausen, M. (1980), S. 159.

Controllings stützen kann. Zudem verursachen Projekte mit geringerem Budget prozentual betrachtet höhere Kosten für das Projektcontrolling als Projekte mit größeren Budgets (vgl. Abb. 3.9).

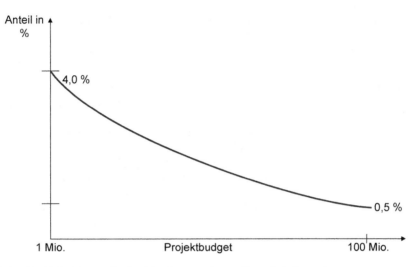

Abb. 3.9 Anteil der Kosten für Projektplanung, -kontrolle und -information

3.8 Quellen

Literaturquellen:

Ayupova, Albina: Projektcontrolling – Anwendungsmöglichkeiten und Grenzen der Balanced Scorecard, Hamburg 2010.

Burghardt, Manfred: Einführung in das Projektmanagement – Definition, Planung, Kontrolle, Abschluss, 6. Aufl., Erlangen und München: MCD Verlag, 2013.

Demleitner, Klaus: Projekt-Controlling – die kaufmännische Sicht der Projekte, 3. Aufl., Renningen: Expert Verlag, 2014.

Eglau, Hans Otto; Kluge, Jürgen; Meffert, Jürgen, u. a.: Durchstarten zur Spitze – McKinseys Strategien für mehr Innovation, 2. Aufl., Frankfurt am Main: Campus Verlag, 2000.

Fiedler, Rudolf: Controlling von Projekten, 7. Aufl., Wiesbaden: Vieweg und Teubner Verlag, 2016.

Gregor, Birgit: Projektcontrolling und Projektkrisen, in: Führen in der Krise – Unternehmens- und Projektführung in schwierigen Situationen, hrsg. v. Becker, Lutz, u. a., 1. Aufl., Düsseldorf: Symposion Publishing GmbH, 2009.

Horváth & Partners (Hrsg.): Projektcontrolling, seminarbegleitende Unterlage, Stuttgart 2008.

Horváth, Péter; Gleich, Ronald; Seiter, Mischa: Controlling, 13. Aufl., München: Verlag Franz Vahlen GmbH, 2015.

Michel, Uwe; ESSER, Joachim, Wohin entwickelt sich der Finanzvorstand?, in: Frankfurter Allgemeine Zeitung, vom 27. Februar 2006.

Ossadnik, Wolfgang.: Controlling, 4. Aufl., München: Oldenbourg Verlag, 2009.

Preissler, Peter R.: Controlling:, 14. Aufl., München: Oldenbourg Verlag, 2014.

Reichmann, Thomas; Kißler, Martin; Baumöl, Ulrike: Controlling mit Kennzahlen, 9. Aufl., München: Verlag Franz Vahlen GmbH, 2017.

Schmitz, Heiner; Windhausen, Michael P.: Projektplanung, 2. Aufl., Düsseldorf:
Verein Deutscher Ingenieure – Taschenbücher, 1980.

Schreckeneder, Berta C.: Projektcontrolling, 4. Aufl., Freiburg: Haufe Verlag, 2013.

Internetquellen:

Gesellschaft für Projektmanagement (GPM) (Hrsg.), Studie zur Effizienz von Projekten in Unternehmen, Frankfurt, 2003.

Hagen, Stefan: Warum scheitern Projekte?, in: Projektmanagement Blog, 2009, online im Internet:
http://pm-blog.com/2009/07/04/warum-scheitern-projekte/ [Zugriff: 30/09/2016].

Goodman, Sam R.: Corporate Treasurer's and Controller's Encyclopedia. 1.Aufl. New Jersey:
Prentice Hall, 1975, zitiert bei: Controllingportal.de, online im Internet: http://www.controlling
portal.de/Fachinfo/Grundlagen/Was-ist-Controlling.html [Zugriff: 30/09/2016].

Jackson, Jacob Hugh: The Comptroller, 2. Aufl., Cambridge: o. V., 1949, zitiert bei: Controlling-
portal.de, online im Internet: http://www.controllingportal.de/Fachinfo/Grundlagen/Was-ist-
Controlling.html [Zugriff: 30/09/2016].

Instrumente und Methoden des Projektcontrollings

4

4.1 Vorbemerkungen

Die nachfolgenden Ausführungen sollen dazu dienen, einen Überblick über die bedeutendsten Instrumente zu geben, die im Projektcontrolling zum Einsatz kommen. Die sinnvolle Verwendung der nachfolgenden Methoden ist allerdings an diverse Bedingungen geknüpft, wie zum Beispiel die konkrete Ausgestaltung des Projektbudgets, etwaige Vorgaben des Unternehmenscontrollings, allgemeine Unternehmensdirektiven oder die Art des Projekts beziehungsweise des Projektfokus.

Allgemein betrachtet, können die Instrumente des (Projekt-)Controllings ein- oder mehrdimensional gewählt werden, das heißt, sie können jeweils eine oder mehrere Zielgrößen enthalten. Des Weiteren können sie auf spezifische Kennzahlen abstellen, wie zum Beispiel Ergebnisgrößen (beispielsweise Jahresabschluss oder Earnings Before Interest and Taxes (EBIT)), Rentabilitätskennzahlen (zum Beispiel Return on Investment (ROI) oder Return on Capital Employed (ROCE)) oder nach der Art beziehungsweise aufgrund des Ziels des Projekts gewählt werden.

4.2 Instrumente und Methoden des Projektcontrollings

Die Aufgaben des Projektcontrollings, wie im Abschnitt 3.4 erläutert, gehen über die reine finanzielle Betrachtung hinaus. Abb. 4.1 stellt einige mögliche Projektcontrolling-Instrumente in den verschiedenen Phasen vor.

© Springer Fachmedien Wiesbaden GmbH, ein Teil von Springer Nature 2019
B. Zirkler et al., *Projektcontrolling*, https://doi.org/10.1007/978-3-658-23714-1_4

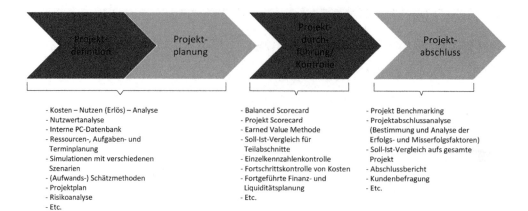

Abb. 4.1 Beispiele von Projektcontrolling-Instrumenten

Das dem Projektcontrolling immanente Spektrum moderner Instrumente (vgl. Abb. 4.1) ist in der Lage, eine speziell auf die Projektziele zugeschnittene Kombination von Werkzeugen zu offerieren, welche die Tätigkeiten des Projektcontrollings optimal unterstützt. Welche Instrumente schließlich für die verschiedenen Phasen angewandt werden, kann unter anderem von

- der Projektdefinition,
- dem Projektfokus,
- den Vorgaben des Unternehmenscontrollings,
- der Entscheidung des Projektmanagers,
- dem dafür verfügbaren Budget,
- speziellen Zeitvorgaben und/oder
- Unternehmensvorgaben

abhängen.

Für alle zu nutzenden Instrumente ist die Basis die mit dem Auftraggeber abgestimmte Projektdefinition und der daraus abgeleitete und genehmigte Projektplan, welcher den Basisplan für die späteren Soll-Ist-Vergleiche darstellt. Die Baseline wird nach *Schwalbe* als der ursprüngliche Projektplan einschließlich genehmigter Projektinhalte zwischen den Stakeholdern definiert.[1] Die Baseline bleibt so lange bestehen, bis genehmigte Anpassungen (Changes) am Projektumfang eine neue Baseline für die Soll-Ist-Vergleiche erforderlich machen. Nachfolgend werden die am häufigsten verwendeten Instrumente des Projektcontrollings ihrem Wesen nach erläutert.

---

[1] Vgl. Schwalbe, K. (2004), S. 634.

4.2.1 Nutzwertanalyse

Zangemeister beschreibt bereits in den 1970er Jahren die Nutzwertanalyse als „[…] *die Analyse einer Menge komplexer Handlungsalternativen mit dem Zweck, die Elemente dieser Menge entsprechend den Präferenzen des Entscheidungsträgers bezüglich eines multidimensionalen Zielsystems zu ordnen. Die Abbildung dieser Ordnung erfolgt durch Angabe der Nutzwerte (Gesamtwerte) der Alternativen […]*"[2].

Heute ist die Nutzwertanalyse ein in Unternehmen etabliertes Verfahren zur Entscheidungsfindung, insbesondere bei strategischen Investitionsalternativen. Im Speziellen handelt es sich um ein quantitatives, vorwiegend nicht monetäres Bewertungsverfahren, welches auf der Grundlage prozentual (subjektiv) gewichteter Teilziele aufbaut, wenngleich auch monetäre Ziele in den Prozess der Entscheidungsfindung integriert werden können. Für jede zu betrachtende Investitionsalternative werden die gewichteten Teilziele mit einem in der Regel diskret skalierten – wiederum subjektiven – Faktor multipliziert. Die verschiedenen Zielkriterien werden bewertet und mit anderen Lösungsalternativen verglichen, wobei diejenige Variante zu präferieren ist, welche die höchste Summe erreicht.

Nach *Fiedler* ist zu Beginn der Nutzwertanalyse die Zielbestimmung ausschlaggebend, welche neben Leistungs-, Kosten- und Terminzielen auch spezielle finanzielle, kunden- oder prozessorientierte Ziele enthalten kann. Vom Hauptziel werden verschiedene Teilziele abgeleitet, die untereinander weitestgehend überschneidungsfrei sein sollten.[3] Als Unter-/Teilziele eignen sich Kriterien, deren Zielergebnisse eindeutig dem Teilziel zuzuordnen beziehungsweise messbar (monetär oder nicht-monetär) sind. Wie weit dieses Zielsystem auf darunterliegende Hierarchieebenen kaskadiert werden soll, ist projektindividuell zu entscheiden. Spätestens dann, wenn eine möglichst überschneidungsfreie Aufteilung nicht mehr gegeben ist, beziehungsweise der Aufwand den Nutzen übersteigt, sollte dieser Prozess beendet werden.

Im darauffolgenden Schritt werden die Zielkriterien gewichtet. Hintergrund dieser Gewichtung ist die Quantifizierung des Nutzens der Teilziele für das Projekt und somit für den Erfolg der Unternehmensziele. Dieser Prozess kann anschaulich mit der Anschaffung eines Kfz verglichen werden, dem meist auch eine Gewichtung wesentlicher Parameter vorausgeht. In der Regel entscheiden die eigenen persönlichen Präferenzen über die anteilige Bedeutung zum Beispiel der Marke, Fahrsicherheit, Motorleistung, Kaufpreis, Verbrauch oder Komfort.

Demzufolge spiegeln sowohl die Rangfolgenplatzierung als auch der Gewichtungsfaktor die Bedeutung des Teilziels für die Erreichung des Hauptziels wider. Je bedeutsamer das Kriterium für die Erreichung des Hauptziels ist, desto höher wird dieses gewichtet. Es bietet sich an, die (Teil-)Ziele im Vorfeld der Gewichtung zu quantifizieren,

---

2 Zangemeister, C. (1976), S. 45.
3 Vgl. Fiedler, R. (2016), S. 34.

um so eine verlässlichere Aussagefähigkeit für deren individuelle Bedeutung für das Hauptziel zu erhalten. Anstatt Begriffe wie „hoch", „niedrig", „stark" oder „schwach" zu verwenden, ist es angezeigt, jeder Gewichtung eine Prozentzahl zuzuordnen. Dadurch können von vornherein Missverständnisse durch unterschiedliche Interpretationen vermieden werden.

Das nachfolgende Beispiel in Tab.4.1 zeigt vereinfacht auf, wie eine Nutzwertanalyse schematisch aussehen könnte. Es ist erkennbar, dass das wichtigste Soll-Kriterium die überschaubare Konkurrenz am neuen Standort ist, gefolgt von den Bau-/Mietkosten und einer vorhandenen Marktlücke. Insgesamt ist eine maximale Gewichtung aller Kriterien bis zu einer Summe von 100 möglich. Danach werden die einzelnen Alternativen entsprechend den Kriterien mit Hilfe einer metrischen Punkteskala zwischen 0 (= sehr schlechte Zielerreichung) und 10 (= sehr gute Zielerreichung) gewichtet. Auch hier gilt wieder, je höher der Wert, desto größer ist die Bedeutung. Um das Ergebnis der einzelnen Alternative zu erhalten, müssen nun die Gewichtungsfaktoren (zum Beispiel in Prozent) mit den entsprechenden Gewichtungspunkten multipliziert werden.

Tab. 4.1 Beispiel einer Nutzwertanalyse

Oberziel	Teilziele	Teilbereiche	Gewichtung	Alternative 1 (Punkteskala)	Summe (G x A. 1)	Alternative 2 (Punkteskala)	Summe (G x A. 2)	Alternative 3 (Punkteskala)	Summe (G x A.3)
Standort-wahl	Standort	Kundennähe	10	4	40	7	70	3	30
		Lieferantennähe	8	6	48	3	24	5	40
		Verkehrsanbindung	11	5	55	5	55	3	33
	Kosten	Bau-/Mietkosten	17	8	136	10	170	9	153
		Anbindungskosten	14	3	42	9	126	5	70
		Steuerliche Vorteile	7	3	21	4	28	4	28
	Gewinn-potenziale	wenig Konkurrenz	18	10	180	7	126	9	162
		Marktlücke	15	9	135	8	120	7	105
		Gesamt	100		657		719		621

G = Gewichtung

Als letzter Schritt werden die Produkte der Alternativen summiert und anschließend miteinander verglichen. Diejenige Alternative, welche das höchste Ergebnis erreicht, ist nach subjektiver Einschätzung der Kriterien die sinnvollste. In dem dargestellten Beispiel (vgl. Tab. 4.1) wäre es die Alternative 2 mit einer Gesamtpunktzahl von 719.

Die Nutzwertanalyse eignet sich insbesondere für eine systematische Entscheidungsvorbereitung, da unterschiedliche Alternativen direkt miteinander verglichen werden. Darüber hinaus ist die Nutzwertanalyse nicht statisch angelegt, sondern flexibel in ihrer Gestaltung/Aufbau und bei den Gewichtungsverfahren. Ebenso können nicht-monetäre Kriterien, die sich nur schwer quantifizieren lassen, gewichtet und bewertet werden. Weiterhin ermöglicht dieses Verfahren eine nachvollziehbare und überprüfbare Bewertung der einzelnen Zielebenen. Dadurch können frühzeitig Gefahren und Risiken identifiziert und somit gegebenenfalls schwerwiegende Fehler vermieden werden.

Die größte Schwierigkeit bei der Anwendung der Nutzwertanalyse besteht in der Gewichtung der einzelnen Teilziele, da diese rein subjektiv erfolgt. Das Ergebnis der Alternativen hängt somit von der individuellen Einschätzung in Bezug auf die Wichtigkeit der einzelnen Kriterien ab. Da subjektive Einschätzungen praktisch nicht reliabel sind, ist es schwierig zu kontrollieren, ob die einzelnen Alternativen weitestgehend objektiv unter gleichen Bewertungsgrundsätzen betrachtet wurden. In der Konsequenz gestaltet es sich gegebenenfalls problematisch, wenn mehrere Personen auf subjektiver Grundlage Entscheidungen bezüglich der Gewichtung zu treffen haben. Der Vollständigkeit halber sei allerdings darauf hingewiesen, dass der grundlegende Makel der Nutzwertanalyse, nämlich die der Gewichtung zu Grunde liegende Subjektivität, zumindest dadurch abgeschwächt werden kann, indem revolvierende Teamprozesse etabliert werden, in welchen von mehreren Projektmitgliedern argumentativ untermauerte Einschätzungen zur Gewichtung der Teilziele vorgetragen werden. Diese Diskussionen können des Weiteren auch durch sogenannte Sensitivitätsanalysen ergänzt werden, in welchen die quantitativen Auswirkungen auf das Ergebnis der Nutzwertanalyse durch simulationsartige Kalibrierung einer oder mehrerer Parameter (= Teilziele) untersucht werden.

4.2.2   Meilenstein-Trendanalyse

Ein häufiger Problempunkt bei der Durchführung von Projekten ist der Faktor Zeit. Auf Grund der Tatsache, dass die Projektdauer oftmals eng terminiert ist, gehen Fehler insbesondere in der Phase der Terminplanung, aber auch bei der Umsetzung mit höheren Kosten einher. Denn sollte es doch zu zeitlichen Verzögerungen in einem Prozessschritt kommen, haben diese unmittelbare Auswirkungen auf die nachfolgenden Arbeitsschritte, was eine pünktliche Fertigstellung des Projekts bei gegebenenfalls kaum gegebenen Puffern gefährdet. Da Projekte zunehmend sehr umfangreich, von hoher Komplexität gekennzeichnet und in der Folge mit einem hohen Risikofaktor versehen sind, ist eine vollkommene Realisation der Terminplanung nicht zu gewährleisten. Daher ist es umso wichtiger, dass der gesamte Projektablauf zeitlich überwacht wird, damit Verzögerungen infolge von Störungen rechtzeitig erkannt werden. Gleichzeitig versucht man durch gezielte Maßnahmen den Verzug weitestgehend zu egalisieren. Nur mithilfe zeitnaher Kenntnis über potenzielle Störquellen können die nachfolgenden Bereiche informiert und Handlungsalternativen gesucht werden.

Bei der Implementierung eines zeitlichen Kontrollsystems ist es wichtig, dass die Überwachung des gesamten Projekts in kleineren, etwa gleichgroßen Teilabschnitten erfolgt. Die Aufteilung in diese Teilabschnitte sollte zu Projektbeginn für die Projektplanung mit Bedacht gewählt werden, zum Beispiel an entscheidenden oder kritischen Stellen des Projekts. Teilprojekte oder in sich abgeschlossene Tätigkeiten eignen sich hierfür ebenfalls. Je nach Komplexität des Projekts sollten die Teilsegmente als Richtwert den Rahmen von ca. vier Wochen nicht überschreiten. Für die zeitliche Überwachung des Projekts eignet sich die Meilenstein-Trendanalyse, da sie die einzelnen Teilprojekte an objektiven Kriterien (zum Beispiel Testlauf über zwei Wochen) überprüft. Sie ermöglicht den Involvierten (Projektleiter, -leitung, -controller oder Bereichsleitern) die Präsentation und Analyse der Projektentwicklung, wobei sie sich auf den wesentlichen Teil des Projektplans, den die Meilensteine darstellen, fokussiert.

Die Aufgaben der Meilenstein-Trendanalyse liegen in der regelmäßigen Prüfung und Hinterfragung der festgelegten Meilensteine (zum Beispiel festgelegte Teilprojekte), um so den Fortschritt des Projekts einerseits zu messen und andererseits um diesen zu dokumentieren.

Im Zuge der Festlegung der Meilensteine sind diverse Aspekte in die Planung einzubeziehen. Oftmals ergeben sich Meilensteine aus der Berücksichtigung terminlicher, monetärer, oder auch gegebenenfalls technischer Restriktionen des Projektablaufs. Welche Aspekte unter anderem für die Definition der Meilensteine herangezogen werden können, zeigt Abb. 4.2.

Was ist ein Meilenstein?

- Überprüfbares Ergebnis; wesentlich, eindeutig vordefiniert
- Definierter Termin
- Definierte Kosten

Welche Meilensteine gibt es?

- Technische Meilensteine: erzwingen die Logik der Abwicklung
- Organisatorische Meilensteine: Reifegrade, zu denen Entscheidungen gefällt werden

Was ermöglichen Meilensteine?

- Logische Struktur des Ablaufs
- Schrittweise Entscheidung
- Verbindliche Ergebnisse
- Überprüfbarer Projekt-Status
- Koordination verschiedener Ergebnisse
- Motivation durch klare Ziele

Wohin setzen wir Meilensteine?

- Neuer logischer Abschnitt
- Verantwortungswechsel
- Fachliche Entscheidungen
- Planerische Entscheidungen
- Go/No-go-Entscheidungen
- Dauer nicht länger als drei Monate

Abb. 4.2 Einfluss des Projektcontrollings über das gesamte Projekt[4]

Um an die benötigten Informationen zu gelangen, eignen sich regelmäßige Besprechungen mit Evaluation des Statusberichts. Der Statusbericht zeigt die Veränderungen auf, die sich gegenüber dem letzten Bericht ergeben haben. Dazu zählen unter anderem Informationen über

- den Status der Aufgaben (bereits abgeschlossen oder nicht),

---

[4]   Vgl. Horváth & Partners (2008), S. 47.

- bereits bekannte und neu in Erscheinung getretene Schwierigkeiten/Probleme einschließlich deren Handhabung oder
- Terminverschiebungen bezüglich des Meilensteins.

Nach Vorlage und Besprechung des Statusberichts können Aussagen über die Einhaltung des Meilensteins getroffen werden.

Die Wahl des Verfahrens zur Ermittlung der Meilenstein-Termine (Messung, Schätzung, Planrevision oder Hochrechnung) ist für die Meilenstein-Trendanalyse und ihrer Dokumentationsvorgehensweise irrelevant. Es empfiehlt sich, die Ergebnisse der einzelnen Meilensteine fortlaufend über das gesamte Projekt in einer Grafik übersichtlich darzustellen, mit welcher sich der Projektverantwortliche einen schnellen Überblick verschaffen kann, wie sich die Meilensteine im Verlauf der einzelnen Berichtzeitpunkte entwickelt haben. Darüber hinaus wird der zeitliche Verlauf der einzelnen Arbeitsabschnitte mit dem Projektplan regelmäßig abgeglichen, um so einen Plan-Soll-Ist-Vergleich vornehmen zu können.

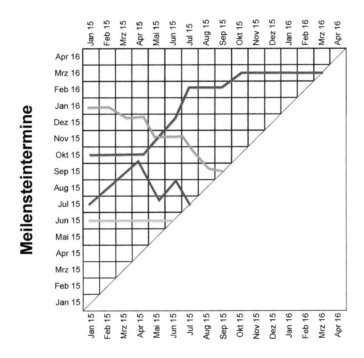

Abb. 4.3 Meilenstein-Trendanalyse[5]

---

5   Vgl. Horváth & Partners (2008), S. 145.

Abb. 4.3 zeigt schematisch auf, wie eine Meilenstein-Trendanalyse mit Hilfe eines Charts grafisch dargestellt wird. Bei dem Aufbau des Charts muss darauf geachtet werden, dass beide Achsen, sowohl die Abszisse (horizontal) als auch die Ordinate (vertikal) die gleiche Anzahl von Elementen aufweisen, um Symmetrie zu gewährleisten. Ob die Aufteilung in Tagen, Monaten, Kalenderwochen oder Perioden erfolgt, ist von Fall zu Fall zu entscheiden. Die Abszisse symbolisiert den Berichtszeitpunkt, während die Ordinate Auskunft über den Meilensteintermin gibt. Durch die Symmetrie des Charts entsteht von links unten nach rechts oben eine Verbindungslinie im 45°-Winkel.

Bei diesem Beispiel erfolgt die Einteilung der Achsen auf Monatsbasis. Jeder Berichtszeitpunkt ist durch einen definierten Endpunkt dargestellt. Die Verbundlinie selbst symbolisiert die Zeit zwischen den einzelnen Berichtsterminen. Zu jedem Berichtszeitpunkt wird der aktuelle Stand der Meilensteinentwicklung in das Chart eingetragen. Weicht die Entwicklung terminlich von dem geplanten Meilensteinende ab, wird dieses grafisch durch eine Auf- oder Abwärtsbewegung dargestellt.

Wird der neue Punkt oberhalb der Ursprungslinie eingezeichnet, handelt es sich um eine terminliche Verzögerung, was zur Folge hat, dass der geplante Endtermin ceteris paribus nicht eingehalten werden kann (terminkritisch). Dieses Problem zeigt die rote Linie (vgl. Abb. 4.3) grafisch in der Meilenstein-Trendanalyse auf. Ob die Gründe für den Anstieg auf eine zu optimistische Terminplanung oder auf unerwartete Probleme zurückzuführen sind, ist hingegen lediglich durch eine Analyse der Statusberichte möglich. Im angesprochenen Beispiel war das ursprüngliche Planende für Oktober 15 vorgesehen. Dieser Termin musste mehrfach nach hinten korrigiert werden, weil aufeinander aufbauende Meilensteine infolge der Verzögerung ebenfalls nach hinten verschoben wurden, sodass das tatsächliche Ende erst im März 16 zu verzeichnen war.

Im Falle einer Abwärtsbewegung einer Linie gilt demnach, dass der Meilenstein (Teilabschnitt) vor Planende finalisiert werden kann. Dies ist bei der grünen Linie (vgl. Abb. 4.3) der Fall. Ursprünglich war geplant, dass dieser Meilenstein erst zum Januar 16 fertiggestellt wird. Doch bereits in der Zeitspanne zwischen den Berichtsperioden Februar und März 15 ist der Trend erkennbar, dass die Erfüllung des Meilensteins zu einem früheren Zeitpunkt möglich ist. Eine Ursache für den stetig fallenden Verlauf könnte beispielsweise eine Planung mit zu großzügig dimensionierten Sicherheitspuffern sein, aber auch Unwissenheit durch fehlende Erfahrung auf jeweiligem Auftragssektor.

Anders als die rote und grüne steigt die blaue Linie unmittelbar zwischen dem Zeitraum der ersten zwei Statusberichte. Der steile Anstieg lässt vermuten, dass nach Projektbeginn zum Teil schwerwiegende Probleme offenkundig wurden, die in der Planungsphase nicht absehbar waren. Erst ab März 15 ist das Unternehmen in der Lage, geeignete Gegenmaßnahmen erfolgreich in den Prozess zu implementieren, weswegen ab Mai 15 alles daraufhin deutete, den Meilenstein gemäß ursprünglicher Planung im Juli 15 beenden zu können. Doch dieser Plan ist in der Phase zwischen Mai und Juni 15 aus irgendwelchen internen oder externen Gründen nicht realisierbar gewesen. Schlussendlich kann der Meilenstein dennoch termingerecht im Juli 15 abgeschlossen werden.

Charts mit gegebenenfalls hoch volatilen Verläufen, welche sich mit Wertpapierkursen vergleichen lassen, verdeutlichen anschaulich, dass sich nicht alle Meilensteine mit Sicherheit planen lassen. Da Projekte zumeist sehr komplex und mit einer hohen Unsicherheit behaftet sind, wirkt sich dies auch auf die Meilensteine (Teilprojekte) aus. In der Konsequenz sind regelmäßig Terminanpassungen vorzunehmen, um potenziell zu spät endende Meilensteine fristgerecht zu vollenden. Zu früh abgeschlossene Meilensteine bergen die Herausforderung in sich, nachfolgende Teilprojekte zeitlich vorzuziehen, um Leerlauf zu vermeiden.

Eine horizontale Linie wird dann eingetragen, wenn die Ist- mit den Plan-Werten identisch sind. Das bedeutet, dass die einzelnen Termineinschätzungen basierend auf den vorliegenden Statusberichten mit der ursprünglichen Terminplanung übereinstimmen. Dieser Zustand wird durch die gelbe Linie (vgl. Abb. 4.3) symbolisiert.

Dieser Idealverlauf ist in der Realität die Ausnahme, da viele Faktoren auf die einzelnen Prozessabschnitte einwirken. Aus diesem Grund sind idealtypisch dokumentierte/reportierte Meilensteine kritisch zu hinterfragen.

Die Grafik der Meilenstein-Trendanalyse ermöglicht die modellhafte Erfassung der temporalen Entwicklung jedes Meilensteins mithilfe von Linien. Da die Meilenstein-Trendanalyse lediglich Indizien offenbart, wann es geboten scheint, steuernde Maßnahmen zur Planeinhaltung zu ergreifen, ist es ratsam über die Meilenstein-Trendanalyse hinaus auch ein Frühwarnsystem zu integrieren, welches die Dynamik des Projekts abzubilden vermag.

4.2.3 Frühwarnindikatoren

Die Kalibrierung des Frühwarnsystems fundiert auf der Auswertung abgeschlossener Tätigkeiten. Projektplanabweichungen aus vergangenen Perioden können gegebenenfalls Rückschlüsse auf die weitere Entwicklung des Projekts geben. Um die Dynamik der Planabweichungen besser einschätzen zu können, ist es notwendig, geeignete Prognoseverfahren vorzuhalten. Vielfache Anwendung finden zum Beispiel Messungen, Schätzungen oder Hochrechnungen, die sich häufig als lineare Hochrechnung auf die Gesamtperiode beziehen. Die Planrevision kann ebenfalls dem Instrumentarium der Prognoseverfahren zugeordnet werden, weil sie eine Neuplanung der noch zu erledigenden Aufgaben, basierend auf den gewonnenen Erfahrungen aus bereits fertiggestellten Arbeiten darstellt. Der damit einhergehende Arbeitsaufwand rechtfertigt jedoch nur in Ausnahmefällen dessen Einsatz. Stattdessen kommt am häufigsten das Messverfahren zum Tragen, denn dieses quantifiziert die Projektplanabweichungen in absoluten Werten.

Die Vorteile eines Frühwarnsystems für das Projektcontrolling sind evident, da durch den Einsatz geeigneter Maßnahmen ein rechtzeitiges und zielgerichtetes Steuern ermöglicht wird. Mithilfe von Frühwarnindikatoren ist es möglich aufzuzeigen, ob, und wenn ja, wann gehandelt werden muss, um den Planabweichungen entgegenzuwirken.

Spezifische Indikatoren für ein Frühwarnsystem können unter anderem der Fertigstellungsgrad zu einem festgelegten Berichtszeitraum (Anzahl Arbeitspakete), bedeutsame Termine, Kosten, Mitarbeiterverfügbarkeit oder -qualifikation, Lieferantenqualität etc. sein. Aber auch jegliche andere Aspekte des Projektplans können durch das Frühwarnsystem individuell betrachtet und grafisch dargestellt werden.

Die Abb. 4.4 zeigt den schematischen Aufbau eines Frühwarnsystems. Schwankungen nach oben oder unten sind bis zu einem bestimmten Toleranzwert unvermeidlich und von vornherein eingeplant. Dieser Schwankungsbereich entspricht dem sogenannten Zielkorridor. Alle Abweichungen in dieser Zone können ohne steuernde Maßnahmen akzeptiert werden. Sollten die Abweichungen ober- oder unterhalb der Warnwertgrenze liegen, müssen diese hinterfragt werden. Gegebenenfalls sind Maßnahmen von der Projektleitung einzuleiten, um dem steigenden oder fallenden Trend der Entwicklung gegenzusteuern. Kritisch ist es, wenn die Interventionsgrenzen über- oder unterschritten werden, was gegebenenfalls eine zeitnahe Einberufung eines sogenannten Lenkungsausschusses erfordert. Die Unterschreitung des Warn-, beziehungsweise des Interventionswerts bedarf ebenfalls einer eingehenden Analyse, da häufig zum Beispiel eine Kosten-, Zeit- oder Mitarbeitereinsparung zu Lasten der Qualität geht. Anders als bei der Meilenstein-Trendanalyse kann durch das Frühwarnsystem exakt bestimmt werden, wann welche Art des Eingreifens notwendig ist. Dies ermöglicht eine Optimierung zur Verfügung stehender Ressourcen.

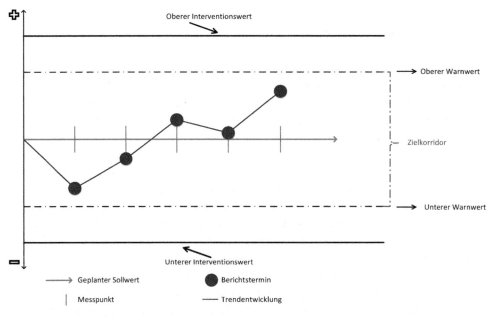

Abb. 4.4 Grundprinzip eines Frühwarnsystems

Wie auch schon bei der Abbildung zur Mcilcnstcin-Trendanalyse (vgl. Abb. 4.3) kann auch für das Frühwarnsystem innerhalb eines Berichtzeitraums die Wirksamkeit der Maßnahmen abgelesen werden. Ist eine Trendwende bis zum nächsten Berichtstermin zu beobachten, dann wurden zum richtigen Zeitpunkt wirkungsvolle Maßnahmen ergriffen. Sollte sich eine Trendwende in Richtung der Mitte des Zielkorridors nicht beobachten lassen, muss nachgesteuert werden.

4.2.4   Kostentreiber im Projekt

Anders als bei den alltäglichen Geschäftsabläufen sind Projekte durch ihre Einmaligkeit mit einem hohen Grad an Unsicherheit behaftet. Diese Eigenschaft macht es erforderlich, dass allen anfallenden Kosten ein besonderes Augenmerk zukommt. Eine permanente Kostenüberwachung und -kontrolle soll frühzeitig Fehlentwicklungen durch potenzielle Kostentreiber aufzeigen. Kostentreiber beeinflussen maßgeblich die Höhe des Projekt-/Arbeitsaufwands. Als problematisch sind hingegen Fehlentwicklungen zu betrachten, in denen Kostentreiber

- entweder nicht als solche erkannt werden,
- erst im Projektverlauf als solche identifiziert werden
- oder nur partiell erkannt werden.

Eine unzureichende Identifikation von Kostentreibern führt dazu, dass tendenziell die direkt mess- und damit dem Projekt zurechenbaren Kosten berücksichtigt werden, während weitere potenzielle Kostentreiber durch oben genannte Gründe in den Hintergrund geraten, wodurch gesetzte Ziele und Vorgaben gegebenenfalls in weite Ferne rücken können. Jedoch muss der Großteil potenzieller Kostentreiber am Projekt individuell abgeleitet werden. Insbesondere zu Beginn eines Projekts ist es schwierig, dessen potenzielle Kostentreiber zu identifizieren. Grundsätzlich ist zu konstatieren, dass je länger Projekt-Kostentreiber unerkannt bleiben, desto schwieriger ist deren wirksame Steuerung.

Potenzielle Kostentreiber in Projekten sind die folgenden:

4.2.4.1   Schätzfehler

„[…] *Prognosen sind schwierig, vor allem, wenn sie die Zukunft betreffen* […]" dieses berühmte Zitat wird dem amerikanischen Schriftsteller *Samuel Langhorne Clemens* alias *Mark Twain* zugeschrieben.[6] Diese universelle Aussage behält ebenso im Zusammenhang mit Projekten ihre Gültigkeit. Schätzungen sind per Definition vermutete Annah-

---

6   Collegium Helveticum: Vorhersage und Vorhersagbarkeit (2011), S. 2.

men, die zu einem frühen Zeitpunkt unter Einbezug weniger verfügbarer Informationen getroffen werden. Demgemäß werden Schätzungen umso genauer, je mehr betreffende Begleitumstände im Vorfeld ins Kalkül einbezogen werden. Dieser Prozess ist in der Praxis selten singulär, sondern iterativ, was bedeutet, dass eine vorgenommene Schätzung im Nachhinein durch Bekanntwerden weiterer Parameter um diese ergänzt und damit verfeinert wird. Aus dieser qualitativ besseren Ausgangslage wird abermals eine Schätzung vorgenommen. Die aus der Schätzung resultierenden Werte sind zu dokumentieren und werden vorzugsweise für Vergleiche mit den Ist-Kosten-Aufwendungen verwendet. Dieses Vorgehen ermöglicht ex post die Ermittlung der Güte einer Schätzung, im Idealfall stimmt die Schätzung mit den ermittelten Ist-Werten überein. Im Normalfall hingegen treten Abweichungen zu Tage, die daraufhin zu untersuchen sind, ob die Schätzung von minderer Güte war, oder ob es in der Durchführung des Projekts zu Abweichungen kam, denn nur durch diesen Vergleich lassen sich die Gründe für Abweichungen – seien es Kosten/Aufwendungen, Termine oder vereinbarte Qualitäten – nachträglich feststellen. Obwohl Schätzungen nur als Richtmaß für die Aufwandsentwicklungen des Projekts gelten, sind sie unentbehrlich, da sie zumindest eine Richtung vorgeben. Im Laufe des Projektverlaufs können Schätzungen immer präziser abgegeben werden, da die dafür benötigten Informationen und Daten aus vergangenen Perioden verfügbar sind. Ursachen für Schätzfehler können unter anderem mangelnde Erfahrung, fehlerhafte zur Verfügung stehende Informationen, falsche Ressourcenplanung oder auch Kostenfehleinschätzungen sein.

4.2.4.2   Fehlerhafte und unzureichende Dokumentation

Die Bedeutung einer guten Dokumentation der Projektabschnitte ist wesentlich. Ein gut strukturierter, übersichtlicher und verständlicher Nachweis der Planungs- und Durchführungsphase vereinfacht die Kommunikation, sowohl für interne als auch externe Empfänger. Missverständnisse, Konflikte oder unnötiger Mehraufwand können verhindert werden, wenn sowohl Arbeitsschritte, -inhalte, -abläufe, Verantwortliche, Prozessorganisation etc. dokumentiert werden. Auch sogenannte Graubereiche, für die es keine klar geregelten Verantwortungen gibt, lassen sich durch eine lückenlose Dokumentation vermeiden.

4.2.4.3   Unklare Aufgabenstellungen und Missverständnisse

Unklare Aufgabenstellungen/-definitionen entstehen oftmals dadurch, dass diese nicht schriftlich fixiert werden. Missverständnisse bei den Auftragnehmern ergeben sich oftmals daraus, dass bei Nichtverstehen der Aufgabe keine Rückfragen erfolgen, zum Teil bedingt durch Unternehmenskultur oder aus persönlicher Unsicherheit. Bevor sich genannte Missstände zu schwerwiegenden Kostentreibern entwickeln, kann eine stabile Kommunikation in Form von Diskussionen und gezielten Nachfragen Abhilfe schaffen.

4.2.4.4 Unklare Zieldefinitionen

Unvereinbare Zielvorgaben, nichtexistierende schriftliche Zielformulierungen des Projekts oder sich widersprechende Ziele bei Auftragnehmern und -gebern führen bei allen Beteiligten zu Unsicherheiten, die sich negativ auf das Projektergebnis auswirken. Hinter einer unklaren Zieldefinition ist eine mangelhafte Kommunikation des Kernaspektes, was mit dem Projekt bezweckt und woran der Erfolg bemessen werden soll, zu vermuten. In der Folge besteht bei allen Projektbeteiligten Unklarheit darüber, auf welche Art und Weise (*wie*) bis zu welchem Termin (*wann*) welche Teil-/Aufgabe (*was*) aus welchem Grund (*warum*) zu erledigen ist.

4.2.4.5 Risiken

Der singuläre Charakter eines Projekts bringt es mit sich, dass sich Erfahrungen aus dem alltäglichen Geschäftsbetrieb nur bedingt auf ein solches übertragen lassen. Die Erfolgschancen eines Projekts können erhöht werden, indem vor Projektbeginn eine Vorbereitungsphase vorangestellt wird, die neben der reinen Projektplanung auch eine parallel durchgeführte Risikomanagementplanung beinhaltet. Letztere soll potenzielle Risiken identifizieren, Eintrittswahrscheinlichkeiten quantifizieren, Auswirkungen und mögliche Alternativen/Gegenmaßnahmen aufzeigen. Projektrisiken können sowohl externer als auch interner Natur sein, wenngleich sich im Normalfall lediglich letztere beeinflussen lassen. Eine Auflistung relevanter Projektrisiken zeigt Tab. 4.2 auf.

Tab. 4.2 Externe und interne Risiken

Externe Risiken	Interne Risiken
Konkurrenz	Finanzierung
Markt	Technologie
Gesetze	Komplexität
Politik	Kommunikation
Branche	Projektplanung
etc.	etc.

4.2.4.6 Komplexität

Ein Projekt kann durch die Anzahl involvierter Stakeholder, verwendeter Technologie(n), Innovationsgrad, Arbeitsschritte (unabhängig, vernetzt oder aufbauend), Einhaltung gesetzlicher, ökologischer oder firmeninterner Auflagen, Projektumfang/-ziel, Zeitrahmen oder Projektaufwand etc. rasch an Komplexität zunehmen. Neben dem Komplexitätsumfang steigt mit zunehmender Projektgröße auch die Gefahr, dass zu Projektbeginn oder im Verlauf desselben wichtige Gesichtspunkte unberücksichtigt bleiben.

Das Projektmanagement ist daher dazu angehalten, die Komplexität – nach Möglichkeit schon in der Projektplanung – so gering wie möglich zu halten und durch Transparenz beherrschbar zu machen. Je höher der Grad an Komplexität innerhalb eines Projekts, desto größer ist der Arbeitsaufwand, den das Projektmanagement-Team investieren muss, um Projektfehlentwicklungen zu vermeiden, beziehungsweise um geeignete Korrekturen vorzunehmen. Damit keine vermeidbaren zusätzlichen Kosten aufgrund von Nach-/Mehrarbeit, zeitlichen Verzögerungen, Konventionalstrafen, Personal- oder Dispositionsaufwand etc. durch die komplexe Situation entstehen, müssen alle Komplexitäts- und somit Kostentreiber kritisch überprüft und überwacht werden.

4.2.4.7   Nacharbeit am Projektergebnis oder Arbeitspaketen

Qualitätsmängel aufgrund von Mitarbeiter-, Produktions- oder Materialfehlern können jederzeit im Projektablauf auftreten. Allerdings können genannte Abweichungen ihrem Wesen nach in der Projektplanung nur rudimentäre Berücksichtigung finden. Eine grobe Quantifizierung setzt ein erforderliches Maß an Erfahrung seitens des Projektmanagements voraus. Unterbleibt hingegen eine Berücksichtigung von Nacharbeiten infolge einer zu optimistischen Planung, können hohe Folgekosten aufgrund von Nachbesserungen bei den Projektergebnissen entstehen. Nicht selten beanspruchen die letzten Prozentpunkte des Zielerreichungsgrads eines Projekts ein Vielfaches des Zeitumfanges, eben infolge erforderlicher Nacharbeiten.

4.2.4.8   Mangelnde Mitarbeitermotivation

Der Fokus der Projektverantwortlichen liegt vor allem auf der technischen Ausführung und dem Erreichen der wirtschaftlichen Ziele. In diesem Zusammenhang erfährt die Motivation der am Projekt beteiligten Mitarbeiter nicht selten eine Vernachlässigung. Neben allen Spezifikationen und Anforderungen, die ein Projekt mit sich bringt, ist die Erreichung der avisierten Ziele vor allem auch als Gemeinschaftsarbeit zu betrachten. Die Mitarbeitermotivation muss von Beginn an aktiv gesteuert werden. Dies kann über finanzielle (zum Beispiel Erfolgsbeteiligung) als auch aufgabenbezogene (zum Beispiel Verantwortung) Anreize, oder durch Beseitigung bestehender Mängel (zum Beispiel Missverständnisse im Team) erfolgen. Schließlich ist die Motivation des einzelnen Mitarbeiters als auch die des gesamten Teams als ein wichtiger Erfolgsfaktor für das Projekt zu verstehen. Verbesserungsvorschläge oder zielführende Ideen zur Problemlösung werden nur von motivierten Mitarbeitern entwickelt, die sich mit dem Projekt identifizieren und sich aktiv mit dessen Abläufen befassen.

4.2.4.9   Mitarbeiterqualifikation

Eine weitere Ursache potenzieller Kostentreiber umfasst die mangelnde Qualifikation beziehungsweise die geringen Erfahrungen seitens der Mitarbeiter und der Projektverantwortlichen. Ist die Qualifikation der Mitarbeiter nicht ausreichend, entstehen ungeplante Kosten, wie zum Beispiel für Schulungen oder für zusätzlich eingekaufte Spezialisten. Mangelnde Erfahrungen offenbaren sich unter anderem in Fehlern, höherem Zeitaufwand zur Erfüllung der Aufgaben oder falscher Mitarbeiterplanung.

4.2.4.10 Unsaubere Planung

„Planung ohne Kontrolle ist [...] sinnlos, Kontrolle ohne Planung unmöglich"[7]. Dieses einst von *Jürgen Wild* im Rahmen der Unternehmensplanung geprägte bekannte Zitat lässt sich passgenau auf eine Projektplanung übertragen. Es wurde schon mehrfach darauf hingewiesen, dass die Planung als geistige Vorwegnahme zukünftigen Handelns eine notwendige Bedingung für Vergleiche mit ermittelten Ist-Daten darstellt, um Abweichungen im Projektfortgang zu identifizieren und entsprechende Maßnahmen des Gegensteuerns zu initiieren. Als hinreichende Bedingung kann hingegen postuliert werden, dass die Planung für diesen Zweck ein notwendiges Maß an Güte aufweisen muss, das heißt, dass das Projektmanagement die Planung nach bestem Wissen und so objektiv wie irgend möglich vorzunehmen hat.

Grundsätzlich können negative Plan-Ist-Kostenabweichungen zwei Wirkungsrichtungen aufzeigen:

① Die Ist-Kosten weisen gegenüber den Soll-Kosten – definiert als Plankosten der Ist-Beschäftigung – eine positive Differenz auf, weil Verbrauchsabweichungen infolge unwirtschaftlichen Handelns aufgetreten sind.

② Die Ist-Kosten weisen gegenüber den Soll-Kosten eine positive Differenz auf, weil die zugrunde gelegten Planungsannahmen gegebenenfalls überzogen optimistisch waren, sodass nie wirklich eine Chance bestand, den vorgegebenen Kostenrahmen tatsächlich einhalten zu können.

Eine Kombination aus beiden Varianten vergrößert die Plan-Ist-Kostenabweichung zusätzlich.

In der Regel werden bei registrierten Soll-Ist-Differenzen Untersuchungen eingeleitet, welche deren Ursprung zunächst in Verbrauchsabweichungen verorten sollen, was eine notwendige Tätigkeit darstellt, die allerdings mit gegebenenfalls erheblichem Zeitaufwand verbunden ist. Sollte sich als Resultat der Untersuchung herausstellen, dass eine potenzielle Ressourcenverschwendung (Verbrauchsabweichung) oder eine Abweichung zwischen geplanten und realen Preisen für projektnotwendige Faktoren (Preisabweichung) als Gründe für die Differenz ausgeschlossen werden können, dann bleibt nur die Schlussfolgerung, dass die Planannahmen unrealistisch waren. Dieses Beispiel zeigt klar auf, wie wichtig eine genaue Planung für ein Projekt ist, zumal negative Abweichungen auch Sanktionen bei Verantwortlichen nach sich ziehen können, weil Ressourcen für eine Planrevision gebunden werden, was mit zusätzlichen Kosten einhergeht.

---

[7] Wild, J. (1982), S. 44.

4.2.4.11 Fehlendes Vertragsmanagement

Das bekannte lateinische Sprichwort „*Pacta sunt servanda!*" bringt kurz, aber mit gebotenem Nachdruck zum Ausdruck, dass geschlossene Verträge einzuhalten sind. Konkret bedeutet dies, dass die von beiden Vertragsparteien ausgehandelten Rechte und Pflichten schriftlich zu dokumentieren und zu befolgen sind. Vor allem sei auf die Bedeutung der schriftlichen Dokumentation hingewiesen, denn diese kann gegebenenfalls verhindern, dass es im Nachhinein zu juristischen Auseinandersetzungen kommt.

In Verbindung mit der Durchführung von Projekten ist es ratsam, ein wirksames Vertragsmanagement zu installieren. Die Tätigkeiten des Vertragsmanagements umfassen unter anderem die Dokumentation der Verhandlungen zwischen den Vertragsparteien, sowie die temporale und inhaltliche Verwaltung ausgehandelter Vertragswerke. Unter die letztgenannte Tätigkeit fällt vor allem das Monitoring geschlossener Verträge hinsichtlich Zeitpunkt und Umfang vereinbarter Leistungen. Dieser Aspekt ist insofern bedeutsam, als dass sich durch ihn Konventionalstrafen von vornherein vermeiden lassen, die einen unnötigen – das heißt im Vorfeld vermeidbaren – Abfluss liquider Mittel darstellen. Das Projektmanagement als auch das Projektcontrolling sind durch Anwendung des Vertragsmanagements hinsichtlich des Projektstrukturplans detailliert informiert, wann, wo und in welcher Qualität welche Leistung erbracht sein muss. Gesetzt den Fall, dass sich aufgrund von Verzögerungen innerhalb des Projekts vertraglich geschlossene Termine nicht einhalten lassen – und demzufolge die Gefahr zur Zahlung von Konventionalstrafen besteht – lässt sich ein wirkungsvolles Vertragsmanagement auch dahingehend einsetzen, dass die Projektverantwortlichen proaktiv gegebenenfalls Anpassungen bestehender Vertragswerke aushandeln können.

Ein Risikoaspekt, der in diesem Zusammenhang innerhalb der letzten Jahre aufgrund zunehmender Globalisierung an Bedeutung gewonnen hat und deswegen explizit Erwähnung finden soll, ist das Vertragsrisiko. Es ist zur Normalität geworden, Verträge mit Unternehmen aus verschiedensten Ländern zu schließen. Für die Vertragspartner bedeutet dies, dass beispielsweise Zoll- und Steuerbestimmungen als auch die jeweils vorherrschenden nationalen Regelungen beziehungsweise Geschäftsbedingungen schon im Vorfeld der avisierten Vertragsschließung zu berücksichtigen sind. So können Einkauf-, Lieferbedingungen oder Eigentumsvorbehalt je nach Zielland unterschiedlich definiert sein. Daher empfiehlt es sich, die Verträge gemäß UN-Kaufrecht (United Nations Convention on Contracts for the International Sale of Goods) zu schließen, um so potenzielle Vertragsrisiken, die bei Anwendung des deutschen Vertragsrechts möglich wären, zu umgehen.

4.2.4.12 Kritische Erfolgsfaktoren

Gerade vor dem Hintergrund der Durchführung von Projekten ist es wichtig, dass das Projektmanagement umfassende Kenntnisse über kritische Erfolgsfaktoren hat, die bei der Planung und Durchführung mit besonderer Sorgfalt zu berücksichtigen sind. Kritische Erfolgsfaktoren sind diejenigen Faktoren, die auf den planmäßigen Projektfortschritt einen besonders starken Einfluss ausüben. Von den zahlreichen Erfolgsfaktoren, die ein Projekt beeinflussen können, werden in der Regel drei bis sechs Faktoren auf der Grundlage einer vorangegangenen Bewertung als kritisch eingestuft. In diesem Zusammenhang ist zu erwähnen, dass die Ursache eines kritischen Erfolgsfaktors grundsätzlich sowohl interner als auch externer Natur sein kann, wobei er darüber hinaus den Erfolg des Projekts positiv als auch negativ beeinflussen kann.

Einige kritische Erfolgsfaktoren lassen sich gegebenenfalls aus den Erfahrungen vorheriger Projekte ableiten beziehungsweise gar übernehmen. Andere hingegen sind projektspezifisch. Vor allem bei den Letztgenannten besteht das Risiko, dass die Projektverantwortlichen diese nicht als kritisch identifizieren. Die Festlegung kritischer Erfolgsfaktoren spiegelt sich in der Projektstrategie, den -zielen und den -prozessen wider. Für die Projektabwicklung beziehungsweise das -ergebnis ist es essenziell, dass alle projektbezogenen Faktoren erkannt, verstanden, bewertet, kontrolliert sowie analysiert und gesteuert werden.

Beispiele für mögliche kritische Erfolgsfaktoren können sein:

- zu spätes Erkennen fundamentaler interner und externer Projektrisiken,
- mangelnde Produktqualität (Produktreife nicht ausreichend),
- Kostenanstieg,
- unsichere Projektfinanzierung,
- unzureichendes Managen des kritischen Pfades.

Es ist wichtig, die festgelegten kritischen Faktoren dem gesamten Projektteam gegenüber offen zu kommunizieren, damit sie zum einen bekannt sind und zum anderen von diesem auch akzeptiert werden. Implementierte Frühwarnsysteme können einen bedeutenden Beitrag dafür leisten, die Ursachen für negative Kostenentwicklungen rechtzeitig aufzuzeigen und durch geeignete Maßnahmen zu eliminieren.

4.2.4.13 Fehlendes Change-Request-Management

Projektabläufe erfahren gegenüber der ursprünglich vorgenommenen Planung häufig Änderungsanforderungen, die auch als sogenannte Change-Requests bezeichnet werden. Diese können insbesondere Termine, Kosten, Inhalt und Umfang des Projekts beeinflussen, unabhängig davon, ob diese beispielsweise durch präventive Maßnahmen, Korrekturen oder Änderungswünsche des Auftraggebers entstehen. Ohne das Vorhandensein eines wirksamen Change-Request-Managements würden die notwendigen Änderungen gegebenenfalls unkontrolliert in das Projekt einfließen. Unwissenheit und Unsicherheit bezüglich der Planabwandlungen bei den einzelnen Teammitgliedern führen zu Missverständnissen und Problemen, die wiederum vermeidbare Kosten nach sich ziehen.

Ein implementiertes Change-Request-Management stellt sicher, dass Änderungen nur über einen exakt definierten Prozess in das Projekt einfließen. Dabei werden die Änderungen durch eine Instanz, besetzt aus Mitgliedern des Auftraggebers/-nehmers und Projektmanagements (Steering-Committee), genehmigt. Sie ist auch diejenige Instanz, welcher es obliegt, das Budget aufzustocken oder Terminverschiebungen zu genehmigen. Diesem Schritt geht in der Regel das Erstellen von Entscheidungsvorlagen für notwendige Change-Requests voraus. In der Folge ist es lediglich der genannten Gruppe möglich, sicherzustellen, dass nur genehmigte Anforderungen umgesetzt werden.

Es empfiehlt sich, bereits bei der Projektplanung en détail ein Change-Request-Management vorzusehen.

Abb. 4.5 illustriert exemplarisch einen Change-Management-Prozess.

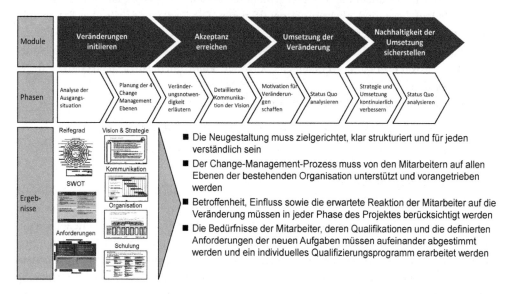

Abb. 4.5   Implementierung eines Change-Management-Prozesses in den Projektablauf[8]

4.2.4.14 Mangelnde Akzeptanz

Mangelnde Akzeptanz eines Projekts ist ein deutlicher Indikator für fehlende oder zumindest unzureichende Kommunikation der Projektinhalte und -ziele gegenüber dem Projektteam. Können sich die Beteiligten nicht vollumfänglich mit dem Projekt identifizieren, so ist davon auszugehen, dass Defizite in der Motivation ihren Niederschlag im Arbeitsergebnis finden werden.

Wie bereits oben beschrieben, lassen sich mögliche Ursachen für Kostentreiber grundsätzlich in den verschiedensten Bereichen ausmachen. Mit welchen Kostentreibern das Projekt im Konkreten konfrontiert ist, lässt sich hingegen zu Beginn nur bedingt ermitteln, da sich viele Kostentreiber erst während des Projektverlaufs identifizieren

---

8   Horváth & Partners (2008), S. 171.

lassen. Das Zurückgreifen auf Erfahrungswerte aus früheren Projekten sowie die Einführung wirksamer Frühwarnsysteme in den verschiedensten Bereichen können Abhilfe schaffen.

Mit dem Ziel, für zukünftige Projekte die Kostentreiber wirkungsvoller steuern zu können, bietet sich die Erfassung und Auswertung der sogenannten Fehlleistungskosten (Non-Conformance Costs) an. Bei den Non-Conformance Costs handelt es sich um Mehrkosten, die durch Eigenverschulden im Projektverlauf entstanden sind und dem Auftraggeber nicht in Rechnung gestellt werden können. Schwachstellen im internen Prozessablauf, zum Beispiel durch Vertrags-, Planungsfehler (Projektbestandteile wurden vergessen) oder Annahmen, die nicht eintreffen (Produktreife nicht gewährleistet, Produktzusagen fehlen), sind häufige Ursachen, die eine Kostenabweichung zu den kalkulierten Auftragskosten verursachen. Eine Ursachenanalyse soll Erkenntnisse über deren Entstehung liefern, um diese bei zukünftigen Projekten nach Möglichkeit von vornherein berücksichtigen zu können.

4.2.5   Risiko-Management

Unternehmerische Entscheidungen bergen grundsätzlich Risiken in sich. Die Literatur gibt für den Begriff „Risiko" keine allgemein gültige Definition an, obwohl im alltäglichen Sprachgebrauch der Risikobegriff synonym mit „Wagnis" oder „Gefahr" verwendet wird. Wenngleich seit den 80er Jahren des 20. Jahrhunderts ein Umdenken bezüglich des Risikobegriffs hinsichtlich seiner zweiseitigen Ausprägung (Chancen und Wagnis) stattgefunden hat, so wird häufig Risiko vordergründig mit negativen Folgen assoziiert. Eine Befragung von Top-Managern kam zu dem Ergebnis, dass zwischen 50 und 80 Prozent der Befragten ausschließlich negative Risikofolgen implizieren.[9] Eine Trennung nach Risiko und Risikofolgen erfolgt häufig auch nicht. Für den weiteren Fortgang der Ausführungen soll Risiko hingegen als potenzieller Zustand verstanden werden, welcher Wertveränderungen [= Abweichungen] für bestimmte Objekte situationsbedingt oder innerhalb eines bestimmten Zeitraums herbeiführt. Hierbei kann es sich grundsätzlich um positive (Chancen) als auch negative (Gefahren) Auswirkungen handeln, wie Abb. 4.6 illustriert.

Risiken können im Regelfall nicht gänzlich ausgeschlossen werden, hingegen lassen sich die mit Risiken einhergehenden Auswirkungen steuern oder gar vermeiden, sofern diese von Beginn an im Entscheidungsfindungsprozess berücksichtigt werden.

---

[9]   Vgl. Jonen, A. (2007), S. 26.

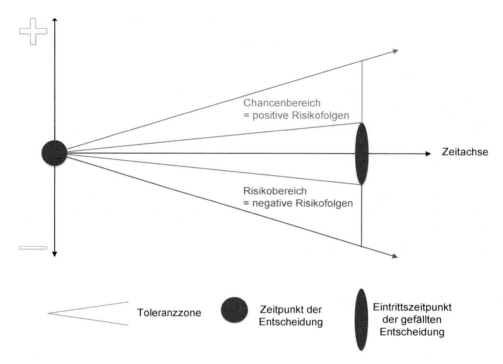

Abb. 4.6 Ausprägungsformen von Risiken

Die Ursachen von Risiken lassen sich sowohl intern (zum Beispiel finanzielle, personelle, technische oder produktspezifische Risiken) als auch extern (zum Beispiel Gesetzesvorgaben, Markt-, Absatz- oder Beschaffungsrisiken) verorten.

Im Kontext des Projektcontrollings empfiehlt es sich, ein Risikomanagement zu implementieren, welches sich frühzeitig – idealerweise vor dem eigentlichen Projektbeginn – mit potenziellen Risikofaktoren befasst (vgl. Abb. 4.7). Insbesondere ist hierbei die Identifikation von Risiken einschließlich ihrer jeweiligen Ursachen gemeint, sowie die sich daran anschließende Bewertung, Steuerung und Kontrolle.

Obgleich der Bereich Risikomanagement dem Projektleiter untersteht, empfiehlt es sich, diesen unter Einbeziehung verschiedenster Stakeholder durchzuführen. Dies soll gewährleisten, dass potenzielle Risiken von verschiedensten Perspektiven betrachtet und analysiert werden. Hierfür eignet sich insbesondere das Instrument *Brainstorming*, jedoch haben sich auch Diskussionsrunden oder gezielte Befragungen für die Problem- und in der Folge für die Lösungsfindung bewährt.

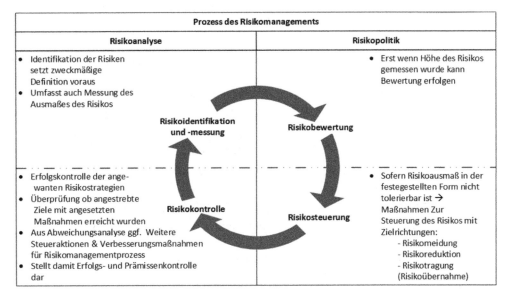

Abb. 4.7 Prozesskreislauf des Risikomanagements

Risiken können grundsätzlich in jeder Phase des Projektablaufs auftreten. Oftmals lassen sich Risiken erst während des Projektverlaufs aufdecken. Demgegenüber ist es auch nicht unwahrscheinlich, dass sich bekannte Risiken im Laufe der Zeit verändern. Je früher Risiken identifiziert und entsprechend gesteuert werden, desto geringer sind die Auswirkungen, die aus ihnen resultieren. Abb. 4.8 illustriert modellhaft die Tragweite und Dynamik von Abweichungen, die vor allem aus Risiken heraus entstehen können.

Die Identifikation, Bewertung und Steuerung „alltäglicher" Risiken, die einen geringen (negativen) Einfluss auf den Verlauf des Projekts aufweisen, ist eine der wesentlichen Aufgaben eines wirksamen Projektcontrollings. Treten hingegen Risiken auf, die einen hohen (negativen) Einfluss auf das Projekt ausüben, so bedarf es probater Maßnahmen, um den Einfluss zu begrenzen. Im worst case müssen fundamentale Projektziele abgeändert werden, um den Fortgang des Projekts zu retten, beziehungsweise wenn auch diese Maßnahme keine Wirkung zeigt, so folgt unweigerlich der Abbruch des Projekts.

Aus dieser Argumentation folgt, dass es für ein wirksames Projektcontrolling unabdingbar ist, potenzielle Risiken für den Projektverlauf zu identifizieren. Zu diesem Zweck sichtet das Projektteam systematisch alle ihm zur Verfügung stehenden Projektdokumente. Dies setzt allerdings voraus, dass eine zweckmäßige Definition des Begriffs Risiko im Unternehmen festgelegt und kommuniziert wird. Hierfür eignet sich beispielsweise die Einteilung nach *Bohinc*.

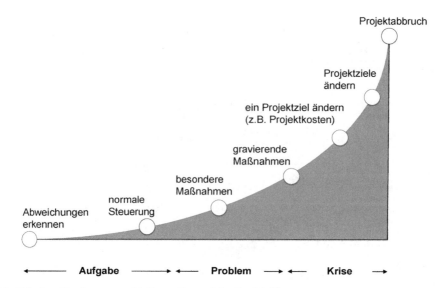

Abb. 4.8 Implikationen von Risikostadien auf das Projekt[10]

Diese gliedert Risiken in drei Gruppen, die Aufschluss darüber geben, wie viel über das Risiko bekannt ist.

- **Bekannte Risiken:** Sowohl Eintrittswahrscheinlichkeit als auch Auswirkungen sind bekannt, der Zeitpunkt hingegen nicht.
- **Unbekannte Risiken:** Eintrittswahrscheinlichkeit und Auswirkungen sind unbekannt, obwohl die Risiken selbst bekannt sind.
- **Unbekannte unerwartete Risiken (Unwissen):** Risiken, die nicht als Projektrisiken identifiziert wurden. Das unerwartete Eintreten dieser nicht erkannten Risiken führt dazu, dass sowohl die Eintrittswahrscheinlichkeit als auch die Auswirkungen unbekannt sind.

Zur konkreten Identifikation von Risiken werden in der Praxis insbesondere in Tab. 4.3 abgebildete Techniken angewendet, wenngleich die Aufzählung keinen Anspruch auf Vollständigkeit erhebt.

Es empfiehlt sich, den Projektstrukturplan im Idealfall um sämtliche potenzielle, zumindest aber um bereits identifizierte Risikoquellen zu ergänzen. Dadurch ist gewährleistet, das Projekt mit Hilfe einer Organigramm-Darstellung nach Risikokategorien unterteilen zu können. Den einzelnen Risikokategorien lassen sich individuelle Risiken zuordnen, beispielsweise ließe sich eine Risikokategorie „Extern" zielführend um die Risikofaktoren „Wetter", „gesetzliche Bestimmungen", „Lieferanten", „Kunden", „Konkurrenz" und „Marktsituation" ergänzen.

---

10 Vgl. Horváth & Partners (2008), S. 212.

Tab. 4.3   Methoden zur Identifikation von Risiken[11]

Methoden zur Risikoidentifikation	Vorgehensprinzip, Charakteristiken	Eignung/Einsatz
A. Studium technischer Pläne	Analyse bestehender technischer Pläne im Planungsstadium	Technische Risiken der Anlagen-Hardware und des baulichen Bereichs
B. Ausfalleffektanalyse (FMEA)	Untersuchung der Ursachen und Auswirkungen von Prozessabweichungen bei technischen Verfahren	Technische Risiken im verfahrenstechnischen Bereich
C. Fehlerbaum-Methode	Potenzielle Folgen von Störungen werden untersucht, um Aufschluss über deren Ursache (Risiken) zu erhalten	Alle Risiken
D. Analyse anhand des Projektstrukturplans	Gliederung des Projekts in einzelne Arbeitspakete und Beurteilung dieser nach möglichen Risiken	Alle Risiken
E. Einsatz von Checklisten	Einzelrisiken werden hinsichtlich Relevanz für das vorliegende Projekt analysiert	Alle Risiken
F. Mitarbeiterbefragung	Brainstorming: Befragung erfahrener und fachkundiger Mitarbeiter	Alle Risiken
G. Projekt-Umfeldanalyse	Analyse der Einstellung und Erwartung der relevanten Umweltgruppen	Alle Risiken
H. Besichtigungsanalyse	Inspektion von Referenzanlagen und des geplanten Anlagenstandorts	Technische Risiken der Anlagen-Hardware und manche Umweltrisiken
I. Organisationsanalyse	Prüfung von Organisationsplänen, Funktionendiagrammen u. a.	Akteurrisiken bedingt durch Aufbau- und Ablauforganisation
J. Analyse relevanter Rechtsnormen	Studium von Rechtsnormen	Risiken aufgrund von Unkenntnis oder Nichtbeachtung von Rechtsnormen
K. Studium einschlägiger Veröffentlichungen/ Expertenbefragungen	Studium der Analysen fachkundiger Personen	Alle Risiken
L. Dokumentenanalyse	Ex-post-Analysen von Unterlagen der Buchhaltung, der Kostenrechnung sowie anderer Projektaufzeichnungen	Alle Risiken

---

[11] Horváth & Partners (2008), S. 117.

Von den identifizierten Risiken müssen jene herausgefiltert werden, die den Projektverlauf nachhaltig negativ beeinflussen können. Das bedeutet für die Risikoanalyse, dass die erkannten Risiken in Bezug auf ihre Risikoauswirkungen auf das Projekt und das Unternehmen zu quantifizieren sind. Dies erfolgt allgemein über die Ermittlung des sogenannten Schadenserwartungswertes, welcher eine Kombination aus potenzieller Schadenshöhe (Qualitätsdimension) und der Eintrittswahrscheinlichkeit des Schadens (Intensitätsdimension) darstellt und sich in folgender Bildungsvorschrift ausdrücken lässt:

Gl. 1 Schadenserwartungswert

Schadenserwartungswert = Schadenshöhe · Eintrittswahrscheinlichkeit

Der Vollständigkeit halber sei darauf hingewiesen, dass die Schadenshöhe in diesem Zusammenhang als Verlust von unternehmenseigenem Vermögen zu interpretieren ist. Dies kann Liquidität sein, wenngleich auch immaterielle Aspekte darunter zu subsumieren sind, wie beispielsweise das Image einer Unternehmung. Andererseits ist davon auszugehen, dass schließlich auch der Verlust desselben sich temporär nachgelagert liquiditätswirksam negativ auswirkt. Das grundlegende Konzept des Schadenserwartungswertes existiert in der Praxis in diversen Ausprägungsformen von unterschiedlicher Komplexität. Vor allem im finanzwirtschaftlichen Sektor ist beispielsweise der Value at Risk (VaR) eine weitverbreitete Methode zur Messung des bestehenden Risikos. Er schätzt die maximale Schadenshöhe bei vorgegebener Eintrittswahrscheinlichkeit $(1 - \alpha)$ für einen definierten Zeitraum. Des Weiteren sind die von ihm abgewandelten Instrumente Cashflow at Risk, Liquidity at Risk, Earnings at Risk, Budget at Risk oder EBIT at Risk weitere probate Methoden, auf welche Unternehmen immer häufiger für das Risikomanagement zurückgreifen.

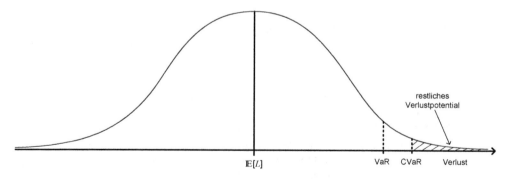

Abb. 4.9 Schematischer Vergleich zwischen Value at Risk und Conditional Value at Risk[12]

---

[12] Entnommen aus Albrecht, P./Huggenberger, M. (2015), S. 68.

Seit jüngerer Vergangenheit gerät zunehmend auch der Conditional Value at Risk (CVaR) – auch bekannt als Expected Shortfall (ES) – in das Blickfeld des Risikocontrollings. Er stellt insofern eine methodische Weiterentwicklung des Value at Risks dar, dass er die Schadenshöhe quantifiziert, welche das Unternehmen zu tragen hat, wenn der Fall einer Überschreitung der Risikoeintrittswahrscheinlichkeit $(1 - \alpha)$ zu verzeichnen ist. Der Conditional Value at Risk ist als Mittelwert jener Schadenshöhe zu interpretieren, die über dem Value at Risk liegt (vgl. Abb. 4.9).

Grundsätzlich lassen sich Risiken anhand von qualitativen und quantitativen Verfahren bewerten, in der Praxis werden insbesondere in Tab. 4.4 abgebildete Methoden eingesetzt.

Tab. 4.4 Methoden zur Bewertung von Risiken[13]

Methoden zur Risikobewertung	Vorgehensprinzip, Charakteristiken	Eignung/Einsatz
Qualitativ		
A. Beschreibende Bewertung, 4-Felder-Methode	Grobbewertung durch Zuordnung zu standardisierten Klassen (Ordinalskalen)	Alle Risiken (bei geringem Informationsstand)
B. Semiquantitative Bewertung	Grobbewertung durch Zuordnung zu standardisierten Wahrscheinlichkeitsklassen	Alle Risiken (wenn grobe Schätzungen der Risikoschwere gerechtfertigt sind)
Quantitativ		
C. Bewertung anhand des Projektstrukturplans	Gliederung des Projekts in Arbeitspakete und Beurteilung dieser nach möglichen Ergebnisabweichungen	Alle Risiken
D. Ereignisbaum-Methode	Untersuchung von Ereignisverkettung potenzieller Schadensereignisse	Alle Risiken (mit stochastisch unabhängigen Ereignissen)
E. Varianz-Methode (PERT-Ansatz)	Ermittlung von Erwartungswert und Varianz einer Zielgröße auf Basis von Arbeitspaketen beziehungsweise Vorgängen	Termin-, Kapazitäts- und Kostenrisiko
F. Modellsimulation (Monte-Carlo-Simulation)	Simulation von Zufallsvariablen zur Ermittlung von Verteilungsfunktionen risikobehafteter Zielgrößen	Termin-, Kapazitäts- und Kostenrisiko
G. Contingency Planung Zuschlagsplanung	Bewertung aller Projektrisiken zur Berücksichtigung im Projektpreis	Termin-, Kapazitäts- und Kostenrisiko

---

13   Vgl. Horváth & Partners (2008), S. 119.

Anhand der jeweiligen Risikopolitik des Unternehmens werden die erhobenen Resultate der Risikobewertung gemäß zu kommunizierender Leitlinien gesichtet, mit dem Ziel eine Auswahl zu treffen, für welche Risiken präventive Maßnahmen wirtschaftlich sinnvoll sind. Konkret ist mit Hinblick auf das ökonomische Prinzip eine Abwägung zwischen Kosten und Nutzen durchzuführen. Aus diesem Grund orientiert sich die Risikobewertung sowohl an den eigentlichen Projektzielen, der Eintrittswahrscheinlichkeit des Risikos, sowie dem Gefahrenpotenzial, das mit dem Risiko einhergeht.

Die Wahrscheinlichkeits-Auswirkungs-Matrix ist eine bewährte Methode, um die identifizierten Risiken gemäß des jeweiligen Schadenserwartungswertes einzustufen (vgl. Abb. 4.10). Hierfür wird unter Verwendung eines Ampelsystems eine Kategorisierung in die Farben Rot, Gelb und Grün vorgenommen, wobei im Vorfeld eine Umrechnung der ermittelten Schadenshöhe, welche die Auswirkung symbolisiert, in einen numerischen Korridor zwischen 0 (keine Auswirkung) und 1 (extreme Auswirkung) erfolgt. Die rote Einfärbung signalisiert, dass das Risiko als hoch einzustufen ist. Risiken dieser Kategorie können bei Eintreten das gesamte Projekt gefährden. Die gelbe Einfärbung impliziert keine grundsätzliche Gefährdung des Projekts, trotzdem müssen Gegenmaßnahmen induziert werden, um das geplante Projektergebnis zu erreichen. Risiken, die sich der grünen Kategorie zuordnen lassen, sind ohne große Auswirkungen, sodass das Einleiten von Gegenmaßnahmen unter Berücksichtigung anfallender Kosten erfolgstechnisch nicht zielführend ist. Die Definition der farblich abgesetzten Grenzen zwischen den Kategorien obliegt der Risikopräferenz des Unternehmens und ist demzufolge individuell zu gestalten.

Risikokategorie „Extern"	Eintrittswahr-scheinlichkeit	Auswirkung	Risikofaktor
Wetter	0,8	0,8	0,64
Kunden	0,4	0,5	0,20
Lieferanten	0,6	0,7	0,42
Gesetzliche Bestimmungen	0,1	0,2	0,02

Gewichtung der Risiken

Risikofaktor ist die Eintrittswahrscheinlichkeit multipliziert mit der Auswirkung

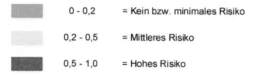

0 - 0,2   = Kein bzw. minimales Risiko

0,2 - 0,5   = Mittleres Risiko

0,5 - 1,0   = Hohes Risiko

Abb. 4.10 Wahrscheinlichkeits-Auswirkungs-Matrix

Es empfiehlt sich weiterhin, alle in Verbindung mit Risiken zur Verfügung stehenden Informationen in einem Risikoverzeichnis zu dokumentieren (vgl. Abb. 4.11). Aus diesem Dokument lassen sich beispielsweise die Art des Risikos, die Risikokategorie beziehungsweise die -ursache oder auch Vorschläge zur Reaktion einschließlich möglicher Maßnahmen auf das Risiko entnehmen. Die Ausdifferenzierung und Detaillierung dieses Verzeichnisses ist ein Indikator für die Güte der präventiv vorgenommenen Überlegungen. Eine gut durchdachte Risikoplanung hilft, sich auf mögliche Risiken bestmöglich vorzubereiten, indem im Vorfeld erarbeitete Maßnahmen bei Bedarf als Gegenmaßnahmen zur Verfügung stehen. In der Folge lassen sich insbesondere die negativen Risikoauswirkungen reduzieren, was zu einer Erhöhung der Wahrscheinlichkeit eines planmäßigen Projektabschlusses beiträgt.

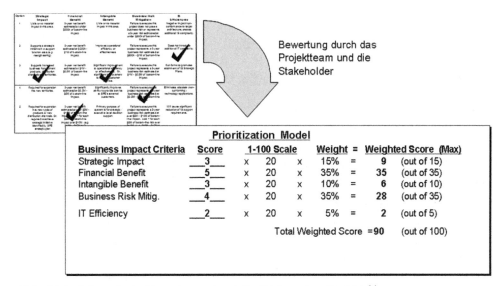

Abb. 4.11   Schematische Bewertung potenzieller Risiken eines Projekts[14]

Im Anschluss an eine erfolgte Bewertung identifizierter Risiken besteht gemäß Risikomanagement-Kreislauf die Notwendigkeit, diese gezielt zu steuern (vgl. Abb. 4.7). Darunter ist der sowohl effektivste als auch effizienteste Umgang mit dem jeweiligen Risiko zu verstehen, welcher die geringstmögliche negative Auswirkung auf das Projekt, beziehungsweise auf das Unternehmen nach sich zieht. In diesem Zusammenhang stehen unterschiedliche Instrumente zur Wahl, welche anhand Abb. 4.12 genannt und anschließend näher beschrieben werden.

---

14   Horváth & Partners (2008), S. 137.

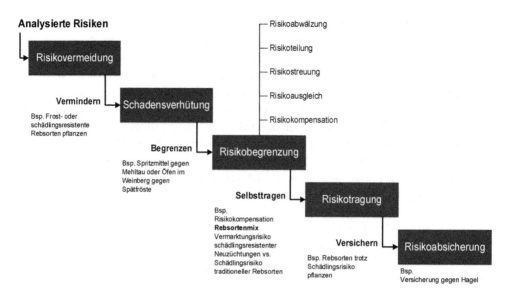

Beispiel: Mögliche Steuerung Frost-, Hagel- und Schädlingsrisiko eines Winzers

Abb. 4.12   Instrumente der Risikosteuerung[15]

Die konkrete Art und Weise des Umgangs mit identifizierten Risiken ist unternehmens-spezifisch. Grundsätzlich lassen sich jedoch folgende Verfahrensweisen unterscheiden:

- **Vermeidung** (vgl. Abb. 4.13): Es werden Strategien entwickelt, die darauf abzielen, potenzielle Risikoursachen von vornherein zu beseitigen. Am Beispiel eines Bau-unternehmens bestünde eine derartige Strategie darin, lediglich im Zeitraum zwischen April bis Oktober Rohbaumaßnahmen auszuführen, da in dieser Saison die Gefahr von Minusgraden, die das Abbinden von Beton be-/verhindern, minimal ist.
- **Mindern:** Gegebenenfalls lassen sich Risiken in Bezug auf ihre Eintrittswahrschein-lichkeit beziehungsweise Auswirkung durch Änderung spezifischer Parameter (zum Beispiel Mitarbeiterzahl) reduzieren.
- **Akzeptieren/Tragen:** Risiken werden akzeptiert, wenn die Kosten für das Ergreifen von Gegenmaßnahmen (Abwälzung/Minderung) ökonomisch betrachtet in einem Missverhältnis zu ihren Auswirkungen stehen. Ihre Eintrittswahrscheinlichkeit bezie-hungsweise Auswirkungen haben nur einen minimalen Effekt auf das Projekt. Trotz-dem empfiehlt es sich, auch diese Risiken im Fortgang des Projekts regelmäßig zu überprüfen, da sich gegebenenfalls die Rahmenbedingungen und somit die Entschei-dungsgrundlage verändern.

---

15   Vgl. Horváth & Partners (2008), S. 115.

	Personelle Ursachen	Technische Ursachen	Organisatorische Ursachen
Vermeidbar	• Demotivation • mangelnde Ausbildung • Überbelastung	• Planungsfehler • mangelnde Toolnutzung	• unklare Kompetenzen • personelle Engpässe
Kaum vermeidbar	• Fluktuation • ungeeignete Mitarbeiter	• zusätzliche Anforderungen • fehlender Support	• ungeplanter Lieferant • räumliche Aufteilung • Termindruck
Nicht vermeidbar	• Krankheit	• technologische Grenzen • fehlende Teile	• Änderung der Verträge • Konkurs eines Lieferanten

Abb. 4.13 Beispiele für Projektrisiken im Hinblick auf ihre Vermeidbarkeit[16]

■ **Übertragen/Abwälzen:** Hierbei werden identifizierte Risiken gegen Gebühr auf Dritte, häufig Versicherungen, übertragen. In der Folge sind Kosten, die durch Eintreten des Risikos entstehen, von der Versicherung zu begleichen.

Auf der Grundlage der verfügbaren Informationen entwickelt das Projektteam Strategien zur Vermeidung der Risiken beziehungsweise Minderung der Auswirkungen. Die Wirksamkeit der erarbeiteten Strategien ist in regelmäßigen Abständen durch Kontrollen zu überprüfen, was der vierten Phase des Risikomanagement-Kreislaufs entspricht. Gesetzt den Fall, dass die Wirksamkeit erarbeiteter Strategien nicht das geforderte Maß erfüllen, so sind die Ursachen für diesen Umstand zu analysieren und regulierend Anpassungen vorzunehmen.

Projekte verfügen in der Regel über ein knapp bemessenes Budget, was bedeutet, dass die ökonomische Kosten-Nutzen-Abwägung auch im Hinblick auf die Risikoanalyse zu betrachten ist. Das Ergreifen von Maßnahmen zur Risikobewältigung sollte demnach im Verhältnis zum betreffenden Risiko wirtschaftlich angemessen sein.

Durch das anteilige Knowhow der einzelnen Projektteammitglieder lassen sich gegebenenfalls Rückschlüsse auf Risiken ziehen, die eine Soll-Ist-Abweichung von Kosten/Terminen verursachen können. Gegenmaßnahmen lassen sich auf Grundlage dieser

---

16 Vgl. Horváth & Partners (2008), S. 213.

neuen Wissensbasis implementieren; ihre Wirksamkeit kann beispielsweise mit Hilfe eines Risikoaudits überprüft werden. Diskussionen innerhalb der Gruppe zeigen zusätzlich auf, ob Risiken trotz veränderter Rahmenbedingungen ihre Gültigkeit behalten oder neu mit Hilfe des Ampelsystems zu bewerten sind.

Die Wirksamkeit des Risikomanagementprozesses als Teil des Projektmanagements und -controllings bedingt einen Einklang mit den Unternehmensvorgaben. In diesem Zusammenhang sollten einheitliche Verfahrensweisen mit dem Umgang von Risiken gelten. Zudem sind für alle relevanten Risiken verantwortliche Projektteammitglieder zu benennen. Darüber hinaus ist es sinnvoll, dass sich Unternehmen im Zuge ihres Risikomanagements nicht ausschließlich auf finanzielle Aspekte fokussieren, sondern auch andere – nicht zuletzt interne – Risikoquellen berücksichtigen.

Wie bedeutend das Risikomanagement und damit einhergehend Risikoanalysen sowohl für das Unternehmen als auch für Projekte sind, ist daran erkennbar, dass für diese unternehmerische Teilaufgabe von Seiten des Gesetzgebers kontinuierlich regulatorische Rahmenbedingungen eingeführt worden sind. Richtlinien der Europäischen Kommission, die bis zu einer festgelegten Frist in nationales Recht überführt werden müssen, gewinnen neben originären Gesetzesvorhaben des Deutschen Bundestags hierbei zunehmend an Bedeutung. Für deutsche Unternehmen spielen unter anderem

- der Deutsche Corporate Governance Kodex,
- das Gesetz zur Kontrolle und Transparenz im Unternehmensbereich (KonTraG),
- das Transparenz- und Publizitätsgesetz (TransPuG),
- das Bilanzrechtsmodernisierungsgesetz (BilMoG),
- BASEL III (relevant insbesondere für Banken),
- Solvency II (relevant insbesondere für Versicherungsunternehmen) sowie
- der Sarbanes-Oxley Act aus den USA (für deutsche Tochtergesellschaften von US-Gesellschaften)

eine wichtige Rolle.

4.2.6   Earned-Value-Methode

Das Konzept der Earned-Value-Methode beziehungsweise Earned-Value-Analyse – zu Deutsch Ertrags-, Leistungs- oder Arbeitswertanalyse – ist dem Instrumentarium des operativen Projektcontrollings zuzuordnen. Diese Methode fand erstmals in den 60er Jahren des 20. Jahrhunderts in Projekten der US-Air-Force-Anwendung und hat sich vornehmlich im US-amerikanischen Raum als Verfahren zur ökonomischen Statusauswertung laufender Projekte etabliert. Mit diesem Verfahren ist es möglich, alle Dimensionen des magischen Dreiecks (vgl. Abb. 2.2) simultan zu messen und auf Basis der Ergebnisse objektive und verlässliche Projektkenngrößen zu erhalten. Die konzeptionelle Komplexität der Earned-Value-Methode verdeutlicht die Definition des Deutschen Instituts für Normung e.V.:

▶ „[...] *eine integrierte Betrachtung von Kosten, Zeit und Leistung. Sie wird für eine bestimmte Aufgabe (z. B. Projekt, Teilprojekt, Arbeitspaket) zu einem bestimmten Zeitpunkt ermittelt. Zur Berechnung sind die Plan- und Ist-Werte sowie, wenn vorhanden, die geschätzten Restaufwände notwendig. Aus der EVA* [Earned-Value-Analyse, Anm. d. A.][17] *können Prognosen für die erwarteten Gesamtkosten als auch den Fertigstellungszeitpunkt abgeleitet werden. Des Weiteren verfügt die EVA über eine Reihe von projektrelevanten Kennzahlen wie z. B. CPI oder SPI, die auch als Indikator für ein Frühwarnsystem genutzt werden können.*"[18]

Die Resultate der Earned-Value-Methode lassen sich mit dem ursprünglichen Projektplan (Baseline) vergleichen. Vorteil der Methode ist, dass diese sowohl Zeit als auch Kosten in ihrer Analyse integriert, sodass sich Trends hinsichtlich der Projektentwicklung ableiten lassen. Durch die Überwachung des Zeitplans können Verzögerungen frühzeitig aufgedeckt werden. Ebenso lassen sich Abweichungen gegenüber den ursprünglich geplanten Kosten visualisieren. Zusätzlich zum aktuellen Zustand des Projekts können Prognosen über dessen weiteren Verlauf bis hin zur Beendigung aufgestellt werden. Die Leistungsermittlung ist sowohl auf Projektebene als auch auf den darunterliegenden Ebenen (zum Beispiel spezielle Komponenten des Projektstrukturplans oder Arbeitspakete) möglich.

Das Prinzip der Earned-Value-Methode beruht auf der Basis von drei Grundwerten, die gegenübergestellt werden. Bei den Grundwerten handelt es sich um den Planwert, den Ist-Wert sowie den Fertigstellungswert.

- **Planwert (planned value):** Sind Kosten, Werte oder Termine, die im Rahmen einer Prognoserechnung zu Beginn eines Projekts ermittelt, geplant und über die gesamte Projektdauer auf die künftigen Abrechnungsperioden verteilt werden. Die Kostenplanung kann zu jedem Zeitpunkt aufzeigen, welches Budget für die einzelnen Arbeitspakete oder Prozessabschnitte verbraucht werden darf.

Gl. 4.2 Planwert

Planwert = Plankosten · prognostizierte Leistung

- **Ist-Wert (actual value):** Sind die tatsächlich angefallenen Kosten (zum Beispiel Material oder Lohn), die zu einem festgelegten Stichtag summiert werden.

Gl. 4.3 Ist-Wert

Ist-Wert = Ist-Kosten · erbrachte Leistung

---

17 Nicht zu verwechseln mit EVA® (Economic Value Added).
18 DIN Deutsches Institut für Normung e. V. (2009), S. 6.

■ **Fertigstellungswert (earned value):** Ist der Wert, der laut Plan für die geleistete Arbeit anfallen darf.

Gl. 4.4 Fertigstellungswert

Fertigstellungswert = Plankosten · Arbeitsfortschritt

Mit Hilfe der drei Basisgrößen lassen sich weitere absolute und relative Größen ermitteln.

Absolute Größen

■ Die Kostenabweichung (Cost Variance) bemisst die Differenz zwischen den tatsächlich angefallenen Kosten im Vergleich zum vorgegebenen Budget und ermittelt sich durch folgende Bildungsvorschrift:

Gl. 4.5 Kostenabweichung

Cost Variance = Earned Value – Ist-Kosten

■ Die Terminplanabweichung (Schedule Variance) quantifiziert die Differenz zwischen dem Earned Value und dem Planwert und drückt die Terminabweichung je nach Konfiguration in Kosten oder Tagen aus und ermittelt sich durch folgende Bildungsvorschrift:

Gl. 4.6 Fertigstellungswert

Schedule Variance = Earned Value – Planwert

Relative Größen

■ Die Kosteneffizienz (Cost Performance Index) drückt das Verhältnis des Earned Values zu den Ist-Kosten aus und ist demzufolge ein Derivat der Cost Variance. Ein ermittelter Quotient < 1 bedeutet, dass das laufende Projekt gegenüber der Planung höhere Kosten verursacht hat. Ist der Quotient > 1, vice versa.

Gl. 4.7 Kosteneffizienz

$$\text{Kosteneffizienz} = \frac{\text{Earned Value}}{\text{Ist-Kosten}}$$

■ Der Zeiteffizienz/Planleistungsindex (Schedule Performance Index) gibt das Verhältnis des Earned Values zum geplanten Wert wieder. Ein ermittelter Quotient < 1 bedeutet, dass das laufende Projekt gegenüber der Planung in Verzug geraten ist. Ist der Quotient > 1, vice versa.

Gl. 4.8 Zeiteffizienz

$$\text{Zeiteffizienz} = \frac{\text{Earned Value}}{\text{Plankosten}}$$

Die sowohl effektive als auch effiziente Verwendung der Earned-Value-Methode im Projekt bedarf diverser Grundvoraussetzungen. Zu diesen zählt, dass die Projektplanung in ihrer Planungsphase Arbeitspakete definiert und diese im Projektstrukturplan implementiert (vgl. Abb. 4.14).

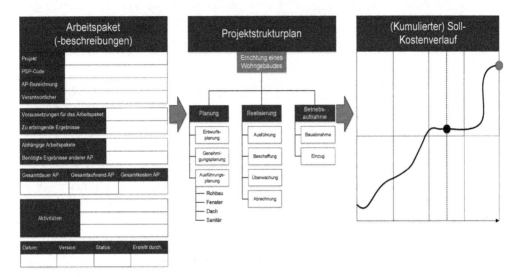

Abb. 4.14 Grundvoraussetzung der Earned-Value-Methode

Des Weiteren ist es auch unerlässlich, dass der Projektumfang klar definiert und abgegrenzt ist, so dass eine Überprüfung der Ergebnisse möglich ist. Analog zur Meilenstein-Trendanalyse sind auch im Zuge der Earned-Value-Methode in definierten Abständen Statusrückmeldungen vorzunehmen und zu dokumentieren. Sollten die Aufwände je Arbeitspaket nicht zuverlässig von den Projektmitgliedern gemeldet werden oder sich nicht auf die entsprechenden Arbeitspakete beziehen, führt die Earned-Value-Methode zu keinem aussagefähigen Ergebnis. Das Gleiche gilt auch, wenn die festgelegten Arbeitspakete zu umfangreich sind.

Die Bestimmung des Earned Values umfasst fünf Schritte, wie Abb. 4.15 verdeutlicht. Sofern der Stichtag (= Beginn eines Arbeitspakets oder Meilensteins) nicht im Voraus definiert wurde, muss dieser als erster Schritt bestimmt werden. Schritt zwei und drei beziehen sich auf das Ablesen des sogenannten *Planned Values* und der Feststellung der Ist-Kosten. Als vorletzter Schritt ist der Fertigstellungsgrad zu bestimmen, welcher stichtagsbezogen das Verhältnis zwischen erbrachter Leistung und voraussichtlicher Gesamtleistung eines Projekts bestimmt. Abschließend erfolgt die Berechnung des Earned Values.

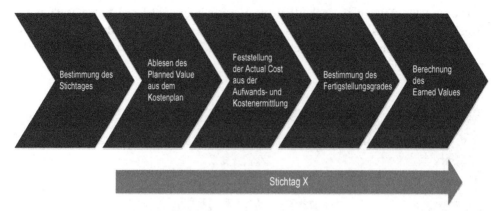

Abb. 4.15 Bestimmung des Earned Values

Die in Abb. 4.16 dargestellten vier Szenarien zeigen, wie sich die Ist-Kosten und der Earned Value im Vergleich zu den Planwerten verhalten können. Die Ordinate gibt in den unten stehenden Diagrammen die angefallenen Kosten wieder, die Abszisse markiert den zeitlichen Verlauf.

Szenario 1: Verspätetes Projektende mit Kostenunterschreitung
Szenario 2: Verspätetes Projektende mit Kostenüberschreitung
Szenario 3: Projektbeendigung vor der geplanten Zeit mit Kostenüberschreitung
Szenario 4: Projektbeendigung vor der geplanten Zeit mit Kostenunterschreitung

Nachfolgend wird das Szenario 1 im Detail beschrieben. Die Grafik zeigt die Entwicklung des Earned Values (blaue Linie), der Ist-Kosten (gelbe Linie) sowie der Planwerte (schwarze Linie) über den Projektverlauf auf.

Ab der zweiten Berichtsperiode (zweiter blauer Punkt) ist eine leichte Abweichung zwischen dem Planwert und dem Earned Value festzustellen. Diese Abweichung nimmt zwischen der 4ten und 5ten Berichtsperiode zu. Der Fertigstellungsgrad liegt in der 5ten Periode wertmäßig da, wo er gemäß Planung bereits eine Periode früher hätte sein sollen. Dies bedeutet, dass ein zeitlicher Verzug vorliegt, der sich gegebenenfalls im Laufe des weiteren Projektverlaufs vergrößert. Die Differenz zwischen dem Earned Value und dem Planwert zeigt die Terminabweichung (Schedule Variance) aus Kostensicht auf. Hierzu wird die Zeiteinheit in einen Euro-Betrag umgerechnet. In diesem Beispiel werden 35 Arbeitstage à 2.000 Euro benötigt. Nach 25 Tagen liegt der Planwert bei 50.000 Euro (Berechnung: 25 · 2.000 Euro). Der Earned Value dagegen liegt nach 25 Tagen bei einem Wert von 20.000 Euro. Die Differenz von 30.000 Euro beziffert die wertmäßige Terminabweichung des Auftrags. Um die Anzahl der Tage zu ermitteln, müssen die 30.000 Euro durch 2.000 Euro dividiert werden. Die Terminabweichung besagt, dass es sich hierbei um eine zeitliche Verzögerung von 15 Tagen handelt, welche einen Wert von 30.000 Euro haben. Ob die Ursachen auf Planungsfehler oder technische, materielle beziehungsweise personelle Ursachen zurückzuführen sind, muss durch eine Ursachenforschung geklärt werden.

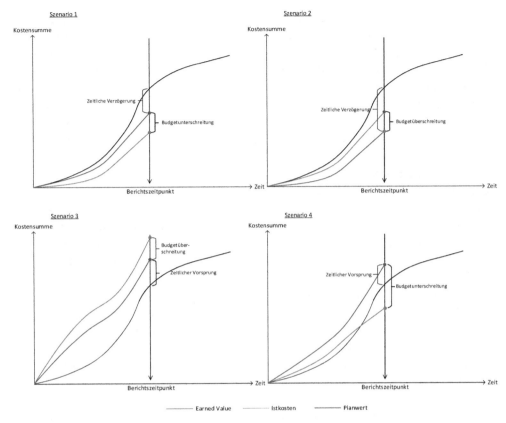

Abb. 4.16 Die drei Basiswerte der Earned-Value-Methode in vier Szenarien

Mit Hilfe der zeitbezogenen Leistungskennzahl $\frac{\text{Zeiteffizienz}}{\text{Planleistungsindex}}$ (Schedule Performance Index) erhält man ein Maß, welches aufzeigt, wie effizient das Projektteam die zur Verfügung stehende Zeit genutzt hat.

Gesetzt den Fall, dass der Earned Value bei 70.000 Euro und der geplante Wert bei 100.000 Euro lägen, ergibt sich eine Zeiteffizienz von 0,7. Da der Wert kleiner 1 ist, handelt es sich um eine zeitliche Verzögerung von 0,3 – also 30 Prozent – gegenüber dem geplanten Wert. Die terminliche Verzögerung wird sich wahrscheinlich über die gesamte restliche Projektdauer nur bedingt aufholen lassen.

Fazit der zeitlichen Überprüfung: Szenario 1 zeigt auf, dass statt 100 Prozent nur 70 Prozent Leistungsfortschritt bis zum Stichtag erfüllt wurden. Dies führt dazu, dass sich das Projekt um 15 Tage zeitlich verzögert, was zusätzlich 30.000 Euro kosten wird.

Von einer **Kostenabweichung** (Cost Variance) wird gesprochen, wenn es zu einer Abweichung zwischen den Ist-Kosten und dem Fertigstellungsgrad (Earned Value)

kommt. Eine Budgetunterschreitung liegt dann vor, wenn der Fertigstellungsgrad über den Ist-Kosten liegt. Unter der Annahme, dass der Earned Value bei 70.000 Euro und die Ist-Kosten bei 60.000 Euro liegen, ergibt sich eine Differenz von +10.000 Euro. Dies bedeutet für Szenario 1, dass die bisher angefallenen Projektkosten niedriger ausfallen als ursprünglich für den Projektabschnitt geplant. Sollte dieser Trend anhalten, kann davon ausgegangen werden, dass die Fertigstellung des Projekts zu niedrigeren Kosten erfolgt. Gründe für die niedrigeren tatsächlichen Kosten könnten gesunkene Materialkosten, ein neues effizienteres und kostengünstigeres Produktionsverfahren, gesunkene Lohnkosten etc. sein.

Die **Kosteneffizienz** (Cost Performance Index) des Projekts lässt sich, wie bereits oben beschrieben, durch das Verhältnis zwischen Earned Value und Ist-Kosten errechnen.

Die 70.000 Euro Earned Value dividiert durch 60.000 Euro Ist-Kosten ergeben ein Ergebnis von aufgerundet 1,17 – also 117 Prozent. Da der Wert über 1 beziehungsweise 100 Prozent liegt, ist es ein Indikator, dass sich das Projekt auf Kostenbasis besser entwickelt als geplant.

Fazit der Kostenüberprüfung: Obwohl der erreichte Earned Value einen Wert von 70.000 Euro hat, wurden nur 60.000 Euro an verfügbarem Budget ausgegeben. Diese 10.000 Euro oder fünf Personentage (10.000 Euro/2.000 Euro) entsprechen einer Kosteneinsparung von 17 Prozent.

Nach dem gleichen Schema, wie in Szenario 1 erläutert, verfährt man ebenfalls mit den Szenarien 2 bis 4.

Wie in den vier verschiedenen Szenarien dargelegt, lassen sich verschiedene Kennzahlen in der Earned-Value-Methode vereinen. So können durch die drei Grundwerte (Planwert, Ist-Wert und Fertigstellungswert) weitere absolute und relative Kennzahlen aufgezeigt und analysiert werden. Folglich lassen sich durch die Earned-Value-Methode alle drei Dimensionen des magischen Dreiecks gleichzeitig messen. Darüber hinaus ist es ratsam, auf der Grundlage der ermittelten Daten Prognosen bezüglich Termintreue und Kosten bis zum Ende des Projekts zu treffen, wofür sich wiederum die Szenario-Analyse eignet. Diese lassen sich als Kostenkontrolle verwenden und dienen somit der effizienten Steuerung des Projekts. Resümierend ist festzuhalten, dass die Earned-Value-Methode eine fundierte Basis für grundlegende Managemententscheidungen liefert, weil sich mit ihr Kosten- und Zeitabweichungen auswerten lassen.

Als Schwäche der Earned-Value-Methode ist die englischsprachige Terminologie zu nennen, die zum Teil sehr abstrakt ist. Die Begriffsschöpfung des Earned Values – also eines verdienten/realisierten Wertes – erscheint nicht wirklich logisch, handelt es sich doch eindeutig um Soll-Kosten. Zusätzlich wird dieses Problem durch teils voneinander abweichende Übersetzungen der Schlüsselbegriffe in die deutsche Sprache erschwert. Darüber hinaus ist der für eine wirksame Earned-Value-Methode erforderliche Arbeitsaufwand sehr hoch, da eine detaillierte Projektplanung einschließlich der Bildung von praktikablen Arbeitspaketen für einen effektiven Einsatz des Konzeptes notwendig ist.

Trotz dieser hohen Anforderungen bei der Implementierung und Datenerfassung überwiegen die positiven Aspekte der Earned-Value-Methode. Anders als viele andere Methoden ist die Earned-Value-Methode in der Lage, alle Determinanten des magischen Dreiecks simultan zu erfassen. Für die zunehmend komplexer und anspruchsvoller werdenden Projekte ist diese kombinierte Betrachtung essenziell.

4.2.7   Projekt (Balanced) Scorecard

Das Bestreben von Unternehmen, bedeutende Kennzahlen ihrer jeweiligen Bereiche (zum Beispiel Sparten, Divisionen etc.) parallel zu überwachen und darüber zu steuern, scheitert häufig an der Verwendung traditioneller Methoden der betrieblichen Leistungsmessung. *Felix* und *Riggs* entwickelten daraufhin eine Leistungsmatrix, in welcher Kennzahlen gemäß ihrer individuellen Bedeutung für das Unternehmen unterschiedlich gewichtet werden. *Kaplan* und *Norton*[19] entwickelten die Idee der Leistungsmatrix signifikant weiter, indem sie neben reinen monetären Kennzahlen auch solche aus anderen bedeutenden Sphären des Unternehmens integrierten, wodurch erstmals auch sogenannte *Softfacts* erfasst und gesteuert werden konnten. Als Ergebnis entstand eine Matrix bestehend aus den Perspektiven Finanzen, Kunden, interne Prozesse und Potenziale, die unter dem Begriff *Balanced Scorecard* internationale Bekanntheit erlangte. Den vier Perspektiven werden individuell Kennzahlen zugeordnet, die für das betreffende Unternehmen bedeutsam sind, wobei es ratsam ist, nicht mehr als sechs Kennzahlen pro Perspektive zu erheben, um die Übersichtlichkeit zu wahren. Grundsätzlich ist es die Intention der Balanced Scorecard, die Perspektiven gleichberechtigt und jeweils ausgewogen (*balanced*) zu gestalten. In ihr lassen sich sowohl

- interne (Qualität) / externe (Kundenzufriedenheit),
- vergangenheits- (Rentabilität oder Liquidität) / zukunftsorientierte Größen (Auftragseingang) und
- objektive (Termintreue oder Kosteneinhaltung) / subjektive Kennzahlen (Zufriedenheit der Mitarbeiter)

vereinen.

„[…] *the balanced scorecard is like the dials in an airplane cockpit: it gives managers complex information at a glance* […]".[20] Mit diesen markant einprägsamen Worten umschrieben Kaplan und Norton den Zweck und das Wesen der Balanced Scorecard. Um ein Flugzeug navigieren und fliegen zu können, benötigt ein Pilot umfassende Informationen verschiedenster Aspekte. Dies beinhaltet beispielsweise, dass der Pilot Informationen über den Spritverbrauch, Fluggeschwindigkeit, Flughöhe, Außendruck, Gegen-

---

[19]   Vgl. Kaplan, R. S./Norton, D. P. (1996).
[20]   Kaplan, R. S./Norton, D. P. (1992), Seite 71.

wind, Wetter, Entfernung bis zum Zielflughafen etc. angezeigt bekommt. Sich ausschließlich auf eine einzige dieser Angaben zu stützen wäre unverantwortlich, da diverse
Informationen in einer Wechselbeziehung zueinander stehen. Diese Analogie lässt sich
ebenso auf das Führen von Unternehmen übertragen. Manager müssen in der Lage sein,
Leistungen aus verschiedensten Bereichen und Perspektiven gleichzeitig zu betrachten.

Die Balanced Scorecard hat sich als umfassendes Managementsystem/Führungsins-
trument, das Wechselwirkungen zwischen einzelnen Zielen berücksichtigt, international
etabliert. Zusätzlich ermöglicht die Balanced Scorecard eine wirksame Erfolgskontrolle,
da sie die Implementierung sowie die Operationalisierung der Unternehmensstrategie bis
in die einzelnen Prozessebenen hinein unterstützt. Letzteres bedeutet, dass die Balanced
Scorecard das Management befähigt, die strategischen Ziele in ihrer Erreichbarkeit
mess- und gegenüber der Belegschaft kommunizierbar zu gestalten und damit durch
Anwendung geeigneter Maßnahmen umzusetzen. Für die Ziele ist es notwendig, diese
einheitlich im gesamten Unternehmen zu definieren, um so unnötige Kosten und Ziel-
konflikte zu vermeiden.

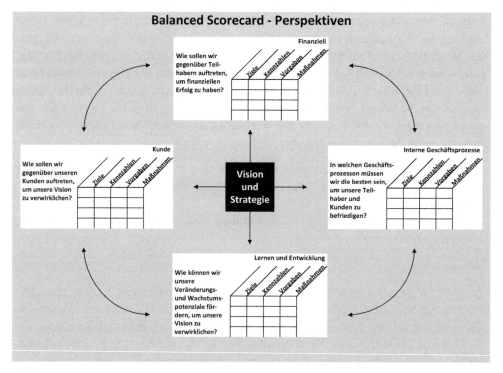

Abb. 4.17 Balanced Scorecard

Abb. 4.17 verdeutlicht, dass die Balanced Scorecard nach *Kaplan* und *Norton* die finanzielle Perspektive und mit ihr die entsprechenden Kennzahlen, die traditionell zur Steuerung von Unternehmen und Projekten herangezogen werden, um die Kunden-, interne Prozess- sowie Lern- und Entwicklungsperspektive ergänzt und gleichzeitig zueinander in eine Wechselbeziehung stellt. Alle vier Perspektiven fokussieren sich auf unterschiedlichste Bereiche im Unternehmen, die zum Erreichen des Gesamtergebnisses als Erfolgspotenzial beitragen. Die Ziele der einzelnen Perspektiven werden aus den Unternehmensstrategien abgeleitet, die wiederum ihre Basis in der Vision der Unternehmung finden. Je nach Unternehmens-/Projektausrichtung kann das visionäre Ziel unterschiedlich ausgelegt werden. Hat sich die Unternehmensführung auf eine Vision fokussiert, werden die Strategien und Ziele auf dieses ausgerichtet. Unter Berücksichtigung der Tatsache, dass eine Vision langfristig ausgelegt ist, sind beliebige Änderungen oder Neuausrichtungen nur bedingt durchführbar. Von der Vision (zum Beispiel Marktführerschaft, Preisführerschaft etc.) ausgehend, werden im nächsten Schritt die Strategien für die einzelnen Geschäftseinheiten verbindlich formuliert und breit kommuniziert. Auf Grundlage dieser Strategien werden dann für die vier Perspektiven eigens ausgelegte Ziele definiert, die mit den anderen Bereichen über eine Ursachen-Wirkungs-Beziehung verbunden sind.

Als wichtigste Perspektive gilt gemeinhin der finanzwirtschaftliche Bereich, bei welchem der Fokus nicht ausschließlich auf Betriebsergebnis und Gewinn, sondern auch auf Rentabilität, Finanzkraft, Wachstum, Eigenkapitalrendite oder Cashflow liegt. Anders als in den anderen drei Bereichen gibt die finanzwirtschaftliche Perspektive allerdings keine Auskunft über das Zustandekommen der Ergebnisse, sondern stellt diese lediglich dar. Finanzielle Ziele müssen somit stets durch Ursachen-Wirkungs-Beziehungen mit den Kennzahlen der Kunden-, internen Prozess- sowie Lern- und Entwicklungsperspektive verbunden werden. Zusätzlich definieren die finanziellen Kennzahlen (zum Beispiel Return on Investment, Economic Value Added oder Return on Capital Employed) die monetären Leistungen, die von der Strategie erwartet werden.

In den weiteren Ausführungen sollen die vier Perspektiven der Balanced Scorecard Objekt der näheren Betrachtung sein. Der logischen kausalen Richtschnur folgend, ist die Lern- und Entwicklungsperspektive der Ausgangspunkt. In ihr werden bedeutende Aspekte in Bezug auf Mitarbeiter und Informationsversorgung gebündelt, da diese essenziell für das Erreichen der Ziele der übrigen drei Perspektiven sind. Inhalte der Perspektive sind beispielsweise Kennzahlen der Mitarbeiterqualifikation sowie der Potenziale des Unternehmens. Zyklisch durchgeführte Maßnahmen zur Schulung und ganzheitlichen Förderung der Belegschaft leisten einen Beitrag zur kollektiven Steigerung der Motivation, die in der Regel mit einer höheren Leistungsbereitschaft und -fähigkeit jedes Einzelnen einhergeht. Konkrete Kennzahlen für diesen Bereich können Mitarbeiterfluktuation, -produktivität, Fehl-, Schulungstage etc. sein. Darüber hinaus erfasst diese Perspektive auch die Innovationsfähigkeit des Unternehmens, welche das Fundament zukünftigen Erfolgs darstellt. Probate Kennzahlen dieses Themenkreises sind beispielswei-

se beantragte Patente pro Jahr, Anzahl durch Mitarbeiter eingereichter Verbesserungsvorschläge pro Jahr, Akademikerquote in der Belegschaft etc.

Gegenstand der internen Prozessperspektive sind alle wichtigen betrieblichen Abläufe
entlang der Wertschöpfungskette, die im Unternehmen im Zuge der Leistungserstellung
(zum Beispiel Beschaffung, Produktion oder Absatz) anfallen. Die drei Hauptzielkatego-
rien dieser Sichtweise sind Zeit, Kosten und Qualität. Produkt- oder Serviceverbesserun-
gen/-veränderungen können nur realisiert werden, wenn diese entlang des gesamten
Wertschöpfungsprozesses vorgenommen und kommuniziert werden. Die damit inten-
dierten Produkt-/Dienstleistungsverbesserungen wirken sich positiv auf das Kaufverhalten des Kunden (Zufriedenheit, Loyalität etc.) aus, wodurch sich wiederum das finanzielle Ergebnis steigert.

Neben der finanzwirtschaftlichen Perspektive befindet sich in Tab. 4.5 die Kunden-
perspektive. Diese beinhaltet die strategischen Ziele, die im Zusammenhang mit Kun-
den- und Marktsegmenten stehen. In dieser Perspektive wird sich mit der Frage „Wie
sehen die Kunden das Unternehmen?" befasst.

Tab. 4.5 Ziele und Messgrößen der Prozessperspektive der Balanced Scorecard

Mögliche Ziele	Mögliche Messgrößen
Senkung der Anzahl fehlerhafter Produkte	Fehlerquote, Reklamationsanzahl, Nacharbeitungs-quote etc.
Verbesserung der Prozessabläufe	Stillstandzeit, durchschnittliche Durchlaufzeit/Bearbeitungszeit, Rüstzeit je Maschine etc.
Minimierung der Produktionsstörungen	Ausfallzeit je Maschine
Kostengünstigere Produktion	Lagerdauer, prozentualer Anteil aller standardi-sierten Bauteile etc.

Die Balanced Scorecard ermöglicht durch Visualisierung der Ursachen-Wechsel-Bezie-
hungen, dass die strategischen Ziele einschließlich Kennzahlen der vier Blickwinkel/
Perspektiven immer im Einklang mit der Unternehmensvision und den daraus abgeleite-
ten Strategien sind (vgl. Abb. 4.18). Bei der Auswahl der Ziele wurde zusätzlich darauf
geachtet, dass sie einen logischen Ursachen-Wirkungs-Zusammenhang mit den anderen
Perspektiven bilden. So geht man davon aus, dass sich die fachliche Kompetenz des
Mitarbeiters (Messgröße: Schulungsdauer) aufgrund von Fort- und Weiterbildungen
positiv auf die internen Prozesse der Wertschöpfungskette auswirken. Qualitative Veränderungen im Prozess wirken sich unmittelbar auf die Qualität des Produkts und somit
auf das Kaufverhalten der Kunden aus. Das Gleiche gilt auch für die Prozessdurchlauf-
zeiten. Verbessert das Unternehmen diese, kann pünktlich, vielleicht sogar schneller an
den Kunden geliefert werden. Große Chancen, dass der Kunde dem Unternehmen und
seinen Produkten oder Dienstleistungen treu bleibt, bestehen dann, wenn die Qualität,

das Preis-Leistungs-Verhältnis oder der Kundenservice gewährleistet werden kann. Ob die drei bisherigen Perspektiven effektiv ineinandergreifen, kann anhand der Umsätze und den dadurch beeinflussten Rentabilitäten (Messgröße: ROCE) überprüft werden.

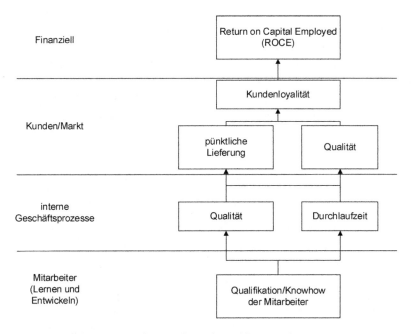

Abb. 4.18   Ursachen-Wirkungs-Beziehung der Balanced Scorecard

Vorteil dieser Ursachen-Wirkungs-Kette ist, dass alle Kennzahlen in die Balanced Scorecard integriert werden können. Die enge Verflechtung der verschiedenen Perspektiven ermöglicht Zusammenhänge aber auch Abhängigkeiten transparent aufzuzeigen. Durch das daraus resultierende Wissen können geeignete Maßnahmen abgeleitet werden.

In den letzten Jahren hat sich neben der Balanced Scorecard auch die Project Scorecard in zahlreichen Unternehmen etabliert. Die Project Scorecard beruht, wie auch die Balanced Scorecard, auf dem Konzept von *Kaplan* und *Norton*. Häufig wird in Verbindung mit der Project Scorecard mit den vier Ebenen strategische Projektziele, -ergebnisziele, -potenziale und -prozesse agiert. Die strategische Ebene befasst sich primär mit der Aufgabe, die Unternehmensziele und -strategien mit der Project Scorecard zu verbinden. Sollte bereits eine Balanced Scorecard für das Unternehmen vorliegen, können wichtige Informationen aus dieser herangezogen werden. Ist dieses nicht der Fall, muss eine Unternehmensstrategie erarbeitet werden, damit die Project Scorecard darauf aufbauen kann. Ob für die Project Scorecard die klassische Perspektivenaufteilung nach *Kaplan* und *Norton* praktikabel ist, muss im Hinblick auf das Unternehmen, beziehungsweise

auf das Projekt individuell entschieden werden; grundsätzlich ließen sich sämtliche betriebliche Belange in den genannten vier Perspektiven berücksichtigen. Jedoch werden
häufig aufgrund der Einmaligkeit von Projekten zur besseren Visualisierung zusätzliche
Zielkategorien/-perspektiven integriert, wie zum Beispiel Umfang, Zeit und Qualität.
Diese projektspezifische Project Scorecard soll den Projektverantwortlichen sowohl bei
der Projektauswahl als auch bei der -steuerung unterstützen. Durch eine so intendierte
Verwendung wird die Aufmerksamkeit der Projektverantwortlichen bereits in der Planungsphase auf alle ausschlaggebenden Zielgrößen gelenkt.

Tab. 4.6 zeigt beispielhaft auf, wie eine Project Scorecard aufgebaut werden kann.
Für alle vier Ebenen können ein oder mehrere Ziele definiert werden, die nach einer
festgelegten Kennzahlenmessung bewertet werden. Die Ursachen-Wirkungs-Zusammen-
hänge der einzelnen Perspektiven dürfen hierbei nicht vergessen werden.

Tab. 4.6 Beispiel einer Project Scorecard

Scorecard Perspektive	Ziele	Messung	Zielwert	Priorität	Initiative/ Maßnahme	Quelle	Daten- lieferant
Finanzen	Budget- einhaltung	Budget- überwachung	+/–5 % Budget- über-/unter- schreitung	Hoch	Einführung eines neuen Budget- Tracking-Systems	Wöchentlicher Bericht	Projektleiter
Kunden	Stakeholder Erwartungen (zum Beispiel Termintreue, Beschwerde- quote)	Termin-/ Qualitäts- einhaltung, Fehler häufigkeit	+/–5 % Abweichung	Hoch	Kunde bestätigt schriftlich die Charta (zum Beispiel online tracking des Projektverlaufs)	Protokolle von Besprechungen zwischen Kunde und Projekt	Auftrag- geber
Interne Prozesse	Problem- lösung	Zeit vom Auftreten bis zur Lösung	< 1 Woche	Hoch	Installation eines Problemlösungs- verbesserungs- prozesses	Problemverfol- gungssystem oder Projekt- statusreport	Problem- manager
Mitarbeiter (lernen und entwickeln)	Schulungen und Qualifika- tionen	Anzahl von zertifizierten Mitarbeitern, zum Beispiel Projektleiter PMC zer- tifiziert	> 50 %	Mittel	Team-Trainings- Plan	Monatliche Teilnehmerliste bei Schulung	Schulungs- beauftragter

Abb. 4.19 zeigt die verschiedenen Ebenen der Project Scorecard auf, welche für die
Erreichung der strategischen Projektziele als auch Unternehmensziele essenziell sind.
Dies ermöglicht eine Optimierung der Projektüberwachung und -steuerung durch Kennzahlen, die durch eine Ursachen-Wirkungs-Kette kausal miteinander verbunden sind.
Die neu geschaffene Transparenz der Beziehungen innerhalb der einzelnen Perspektiven
ermöglicht es, bereits im frühen Stadium auf Risiken und Fehlentwicklungen einzuwir-
ken. Durch die Verwendung der Project Scorecard als Kennzahlensystem im Sinne der
kritischen Erfolgsfaktoren steht dem Projekt-Team eine erhöhte Konzentration von Informationen aus vier verschiedenen Gesichtspunkten zur Verfügung.

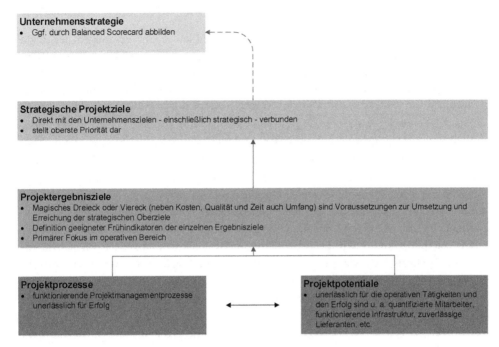

Abb. 4.19   Ebenen der Project Scorecard

Dieses ermöglicht dem Projektcontrolling eine umfassende Steuerungs- und Überwachungsbasis. *Fiedler* rät im Zuge der Verwendung der Project Scorecard darauf zu achten, dass diese

- an neue Gegebenheiten flexibel und leicht adaptierbar ist,
- in regelmäßigen Intervallen an die Veränderungen im Projekt angepasst wird,
- sich nur auf das Relevante beschränkt,
- auf einer besonderen Informationsstruktur beruht, die für die am Projekt beteiligten Mitglieder vollends verständlich und praktikabel ist und
- nicht nur offen für Veränderungen seitens des Projekts, sondern auch für Vorschläge seitens der Stakeholder ist. Das Change-Request-Management überprüft und bewertet die jeweiligen Zielauswirkungen.[21]

Die Project Scorecard hat im Vergleich zur Balanced Scorecard den Vorteil, dass diese mit geringerem Aufwand initiiert werden kann, da diese nicht auf Unternehmens-, sondern auf Projektebene fungiert.

---

21   Vgl. Fiedler, R. (2016), S. 62.

Zusammenfassung der wichtigsten Vorteile der Scorecard (Balanced & Project)

- Nach *Weber* verbindet dieses Konzept unterschiedlichste Entwicklungen der letzten Jahre miteinander und bietet Unterstützung bei deren Umsetzung.[22] Während Kundenbindungskonzepte oder Wissensmanagement häufig nur auf einzelne Aspekte fokussieren, bietet die Scorecard eine Möglichkeit verschiedenste Ansätze zu verknüpfen.

- Die Scorecard visualisiert Strategien und verfolgt zugleich die Umsetzung auf operativer Ebene. Der Vorteil liegt darin, dass Ideen und Strategien nicht separat betrachtet, sondern verknüpft werden. Die Vision der Unternehmung wird in eine Strategie überführt, aus welcher dann Ziele formuliert werden. Diesen Zielen werden Kennzahlen als Messgrößen für die Zielerreichung zugeteilt. Im letzten Schritt werden Maßnahmen bestimmt, die die Strategie- und Zielumsetzung gewährleisten sollen.

- Monetäre als auch nicht-monetäre Größen werden durch die Scorecard über Kennzahlen abgebildet und durch die Unternehmung gesteuert. Finanzielle Größen, wie zum Beispiel Umsatz, Gewinn, Eigen- oder Fremdkapital, zeigen auf, wie erfolgreich das Unternehmen in der Vergangenheit gewirtschaftet hat. Da finanzielle Größen nicht allein für den zukünftigen Erfolg verantwortlich sind, ist es notwendig, bedeutsame Aspekte der internen Unternehmensperspektive zu berücksichtigen. Qualität, Service, Kompetenz, Knowhow, internes Geschäftsklima oder Freundlichkeit der Mitarbeiter gegenüber Kunden wirken sich maßgeblich auf den Erfolg aus.

- Die Scorecard ermöglicht Komplexitätsreduktion durch eine Selektion nach wesentlichen und unwesentlichen Kennzahlen. Durch die Konzentration auf die wichtigsten Kennzahlen bietet die Scorecard die Möglichkeit, ein Unternehmen strategisch, flexibel und effektiv zu führen.

- Die Scorecard ermöglicht den Geschäftsführern/Managern mit Hilfe eines einzigen Managementreports zeitgleich das Unternehmen aus den vier wichtigsten Perspektiven zu betrachten.

- Klare Messbarkeit des Strategieerfolgs durch Verwendung definierter Kennzahlen.

Nachteile und Probleme der Scorecard

Wird das Instrument Scorecard neu in einem Unternehmen implementiert, bedeutet dies einen erheblichen Aufwand, da die Umsetzung aufgrund der strukturierten Vorgehensweise sehr komplex ist. Auch das oftmals fehlende Knowhow der Mitarbeiter und die begrenzten Informationen, die zur Verfügung stehen, erschweren die Einführung einer Scorecard. Die Scorecard ist kein Ersatz für operative Kontroll- oder Planungssysteme, da sich ihre Fokussierung auf den strategischen Bereich ausrichtet. Eine Vergleichbarkeit mit anderen Unternehmen bietet die Scorecard, anders als traditionelle Kennzahlensysteme, nur bedingt. Einerseits ist dies darauf zurückzuführen, dass nicht alle Unter-

---

[22] Vgl. Weber, J. (2000), S. 5.

nehmen in der Lage sind, eine Scorecard im Unternehmen zu integrieren beziehungsweise andererseits jedes Unternehmen seine Scorecard individuell nach der Unternehmensausrichtung aufbaut. Auch die potenzielle Gefahr der Übersteuerung und Bürokratisierung sollte nicht in ihrer Wirkung unterschätzt werden. Die wohl größte Schwierigkeit/ Herausforderung besteht darin, die für die Scorecard notwendigen Ziele zu identifizieren und diese zum einen mit entsprechenden Kennzahlen zu versehen beziehungsweise zum anderen eine Ursachen-Wirkungs-Beziehung mit den anderen Perspektiven zu schaffen.

Ein effektives Managementinstrument ist die Scorecard nur dann, wenn sie regelmäßig an die neuen Gegebenheiten, Situationen, Vorgaben oder Ziele angepasst wird. Dies ist nötig, da sich ein Unternehmen heutzutage in einer sich permanent ändernden Umwelt befindet, die kontinuierliche Anpassungen oder Veränderungen mit sich bringt. Bereits getroffene Annahmen und Voraussetzungen werden ständig überprüft, ob sie noch Gültigkeit besitzen. Ziele, Kennzahlen und Maßnahmen werden dadurch permanent in Frage gestellt, wodurch ein bedeutender Schritt in Richtung strategische Überwachung erfolgt.

4.3   Quellen

Literaturquellen:

Aichele, Christian: Intelligentes Projektmanagement, Stuttgart: W. Kohlhammer GmbH, 2006.

Albrecht, Peter; Huggenberger, Markus: Finanzrisikomanagement – Methoden zur Messung, Analyse und Steuerung finanzieller Risiken, Stuttgart: Schäffer-Poeschel Verlag, 2015.

Bohinc, Tomas: Grundlagen des Projektmanagements – Methoden, Techniken und Tools für Projektleiter, 2. Aufl., Offenbach: GABAL Verlag, 2011.

Cottin, Claudia; Döhler, Sebastian: Risikoanalyse – Modellierung, Beurteilung und Management von Risiken mit Praxisbeispielen, 2. Aufl., Wiesbaden: Vieweg und Teubner / GWV Fachverlag, 2013.

DIN – Deutsches Institut für Normung e. V. (2009).

Dorndorf, Axel; Methoden des Multiprojektcontrolling: Möglichkeiten und Grenzen, Diplomarbeit, 1. Aufl., Norderstedt: GRIN Verlag, 2008.

Dow, William; PMP; Taylor, Bruce: Project Management Communications Bible, Indianapolis: Wiley, 2010.

Drews, Günter; Hillebrand, Norbert: Lexikon der Projektmanagement-Methoden, 2. Aufl., Freiburg: Haufe-Lexware GmbH, 2010.

Elles, Anselm: Risiken vermeiden – Krisen bewältigen, Hamburg: Behr's Verlag, 2008.

Federhen, Jens; Adlbrcht, Gerald: Managementsysteme für Großprojekte in:

Neue Organisationsformen im Unternehmen, hrsg. v. Bullinger, Hans-Jörg; Warnecke,

Hans Jürgen; Westkämpfer, Engelbert, 2. Aufl., Berlin: Springer Verlag, 2003.

Fiedler, Rudolf: Controlling von Projekten, 7. Aufl., Wiesbaden: Vieweg und Teubner Verlag, 2016.

Franke, Armin: Risikobewusstes Projekt-Controlling, Köln: VDI Verlag, 1993.

Füting, Ulrich Chr.; Hahn, Ingo: Projektcontrolling leicht gemacht – Wie hält man Kosten und Termine ein?, Frankfurt: Redline GmbH, 2005.

Gregorc, Walter; Weiner, Karl-Ludwig: Claim Management – Ein Leitfaden für Projektmanagement und Projektteam, 2. Aufl., Erlangen: Publicis Publishing, 2009.

Hoffmeister, Wolfgang: Investitionsrechnung und Nutzwertanalyse – Eine entscheidungsorientierte Darstellung mit vielen Beispielen und Übungen, 2. Aufl., Berlin: Berliner Wissenschafts-Verlag, 2008.

Horváth & Partners (Hrsg.): Projektcontrolling, seminarbegleitende Unterlage, Stuttgart 2008.

Jossè, Germann: Balanced Scorecard – Ziele und Strategien messbar umsetzen, Nördlingen: Beck, 2005.

Jonen, Andreas: Semantische Analyse des Risikobegriffs – Strukturierung der betriebswirtschaftlichen Risikodefinitionen und literaturempirische Auswertung, 2006, in: Beiträge zur Controlling-Forschung, Technische Universität Kaiserslautern, Hrsg. V. Lingnau.

Kaplan, Robert S.; Norton, David P.: Balanced Scorecard – Strategien erfolgreich umsetzen, Stuttgart: Schäffer-Poeschel Verlag, 1996.

Oehler, Andreas; Unser, Matthias: Finanzwirtschaftliches Risikomanagement; 2. Aufl., Berlin: Springer Verlag, 2002.

Ortelbach, B.: Controlling in wissenschaftlichen Verlagen, hrsg. v. Hagenhoff, S.; Hogrefe, D.; Mittler, E.; u. a., 1. Aufl., Göttingen: Niedersächsische Staats- und Universitätsbibliothek, 2007.

Reineke, Rolf-Dieter; Bock, Friedrich: Gabler Lexikon – Unternehmensberatung, 1. Aufl., Wiesbaden: Gabler Verlag, 2007.

Scharioth, Joachim; Huber, Margit: Balanced Scorecard als Werkzeug für den Controller, in: Balanced Scorecard, hrsg. v. Jossé Germann: Balanced Scorecard – Ziele und Strategien messbar umsetzen, Nördlingen: Beck, 2008.

Schels, Ignatz; Seidel, Uwe M.: Projektmanagement mit Excel – Projekte planen, überwachen und steuern, München: Hanser Verlag, 2015.

Schmelzer, Hermann; Sesselmann, Wolfgang: Geschäftsprozessmanagement in der Praxis – Kunden zufrieden stellen; Produktivität steigern; Wert erhöhen, 6. Aufl., München: Carl Hanser Verlag 2008.

Schwalbe, Kathy: Information Technology Project Management, 8. Aufl., Massachusetts: Inc. Thomson Learning, 2016.

Vanhoucke, Mario: Measuring Time – Improving Project Performance Using Earned Value Management, Heidelberg: Springer Verlag, 2009.

Weber, Jürgen: Balanced Scorecard – Management Innovation oder alter Wein in neuen Schläuchen? In: Balanced Scorecard, hrsg. v. Weber, Jürgen; Männel, Wolfgang, krp-Sonderheft 2/2000, o. O., 2000.

Weber, Jürgen; Schaeffer, Utz: Balanced Scorecard & Controlling. Implementierung – Nutzen für Manager und Controller – Erfahrungen in deutschen Unternehmen, 3. Aufl., Wiesbaden: Gabler Verlag, 2000.

Wild, Jürgen: Grundlagen der Unternehmensplanung, 4. Aufl., Opladen: Westdeutscher Verlag, 1982.

Wolke, Thomas: Risikomanagement, 3. Aufl., München: Oldenbourg Wissenschaftsverlag, 2016.

Zangemeister, Christof: Nutzwertanalyse in der Systemtechnik – Eine Methodik zur multidimensionalen Bewertung und Auswahl von Projektalternativen, 5. Aufl., Winnemark: Zangemeister & Partner, 2014.

Internetquellen:

Angermeier, Georg: Project Scorecard, in: ProjektMagazin, o. O., o. J., online im Internet: http://www.projektmagazin.de/glossarterm/project-scorecard [Zugriff: 30/09/2016].

Collegium Helveticum: Vorhersage und Vorhersagbarkeit, Zürich, 2011, online im Internet: https://www.collegium.ethz.ch/fileadmin/autoren/ch_events/111122_workshop_vorhersage_kle in.pdf [Zugriff: 30/09/2016].

Habelsberger, Robert: Kritische Erfolgsfaktoren im Projektmanagement, 2011, online im Internet: http://roberthabelsberger.wordpress.com/2011/05/05/kritische-erfolgsfaktoren-improjektmanagement/ [Zugriff: 30/09/2016].

Hyperspace GmbH: Einführung in die Balanced Scorecard – Konzept, Methodik und Implementierung im Unternehmen, 4. Ausgabe, Schortens, 2010, online im Internet: http://www.hyper space.de/downloads/Einfuehrg_BSC.pdf [Zugriff: 30/09/2016].

Kaplan, Robert S.; Norton, David P.: The Balanced Scorecard –Measures That Drive Performance, hrsg. v. Harvard Business Review, Harvard, 1992, online im Internet: https://brainmass.com/ file/1550245/BALANCED+SCORECARD.pdf [Zugriff: 30/09/2016].

Managerwiki.de: Kritische Erfolgsfaktoren, Düsseldorf, o. J., online im Internet: http://www. manager-wiki.com/index.php/externe-analyse/30-kritische-erfolgsfaktoren [Zugriff: 30/09/ 2016].

Peterjohann, Horst: Projektmanagement: Earned Value Analysis, Version 0.36, München, 2012, Hrsg.: Peterjohann Consulting, online im Internet: http://www.peterjohann-consulting.de/_pdf/ peco-pm-earned-value-analysis.pdf [Zugriff: 30/09/2016].

Plan Business (Hrsg.): Project Scorecard – Transparenz für strategische Projekte, Aachen, o. J., online im Internet: http://www.controllingportal.de/upload/old/pdf/fachartikel/Instrumente/ project_scorecard_white_paper.pdf [Zugriff: 30/09/2016].

SIEMENS AG: Zusammengefasster Lagebericht – Risikomanagement, München: Siemens AG, 2011, online im Internet: http://www.siemens.com/annual/11/_pdf/Siemens_GB2011_ Lagebericht.pdf [Zugriff: 30/09/2016].

wirtschaftslexikon.gabler.de, Stichwort: Balanced Scorecard, Wiesbaden, Gabler Verlag, o. J., online im Internet: http://wirtschaftslexikon.gabler.de/Archiv/1856/balanced-scorecard-v7.html [Zugriff: 30/09/2016].

Entwicklungsperspektiven des Projektcontrollings

5

Projekte werden ständig komplexer, gerade im Hinblick auf die zahlreichen ihnen immanenten Prozessabschnitte, dem hohen technologischen Standard, den spezifischen Kundenwünschen und nicht zuletzt aufgrund der voranschreitenden Globalisierung. Herstellungsprozesse, Standortverlagerungen und Kooperationen mit anderen Unternehmen finden heutzutage häufig im internationalen Umfeld in Form von Projekten statt. Diese Entwicklung birgt zusätzliche Herausforderungen, die ein Unternehmen von Anfang an bei der Projektplanung zu berücksichtigen hat, damit während des Projektverlaufs keine Komplikationen, Konflikte, Unstimmigkeiten, Widerstände, Machtkämpfe oder gegebenenfalls sogar Gesetzesverstöße bei den priorisierten Aufgaben entstehen. Insbesondere international ausgerichtete Projekte bergen Kommunikations- und Koordinationsprobleme in sich, die sich nicht allein mit bewährten Methoden und Instrumenten des Projektmanagements lösen lassen. Auch die derzeitig zur Verfügung stehenden Projektcontrolling-Instrumente sind nicht in der Lage, dieses Problem mit Sicherheit zu bewältigen. Vor diesem Hintergrund werden moderne, weiterentwickelte Instrumente des Projektcontrollings benötigt, welche die Prozesse im Projekt möglichst holistisch planen, kontrollieren, analysieren und steuern sollen. Nicht nur die Anforderungen an Tools und Methodiken werden sich erhöhen, sondern auch an die Fähigkeit des Projektmanagements hinsichtlich Methoden, Toolnutzung, Kommunikation, Verhandlungsgeschick, Mitarbeitermotivation und Fremdsprachenkenntnissen.

© Springer Fachmedien Wiesbaden GmbH, ein Teil von Springer Nature 2019
B. Zirkler et al., *Projektcontrolling*, https://doi.org/10.1007/978-3-658-23714-1_5

5.1   Erweiterung des Fokus bei internationalen Projekten

Im Folgenden werden bedeutenden Faktoren der Steuerung international ausgerichteter Projekte näher beleuchtet.

5.1.1 Kommunikation

Während es bis vor wenigen Jahrzehnten vergleichsweise selten vorkam, dass Mitarbeiter unterschiedlicher Nationalitäten an der Verwirklichung eines Projekts beteiligt waren, so ist es heute üblich, dass die involvierten Teammitglieder über diverse Standorte weltweit verstreut sind. Die Gewährleistung permanenter Interaktion und Wissensaustauschs, wie sie vornehmlich an einem zentralen Ort möglich ist, kann nur mit Hilfe moderner Kommunikationsmittel sichergestellt werden, beispielsweise via Telefon und/oder Internet. Selbst diese offensichtlich erscheinende Lösung ist nicht ohne Friktionen umsetzbar. Zeitverschiebungen und unterschiedliche Erreichbarkeit der involvierten Projektmitglieder erschweren dieses Vorhaben. Grundsätzlich würde dieses Problem eine Besprechung an einem zentralen Ort zu einer festgelegten Zeit lösen. Dabei ist allerdings zu beachten, dass zum einen die damit einhergehenden Reisekosten das limitierte Projektbudget unverhältnismäßig belasten, zum anderen verursacht die auf Grund des Reisevorganges nicht genutzte Arbeitszeit Opportunitätskosten. Besonders bei internationalen Projekten empfiehlt es sich, von Anfang an eine einheitliche Sprache (meist Englisch) festzulegen, in welcher sämtliche Dokumente, Schriftstücke, E-Mails etc. verfasst werden. In diesem Zusammenhang ist damit zu rechnen, dass für die meisten Projektmitglieder Englisch nicht die Muttersprache ist, weswegen die Fremdsprachenkenntnisse und Kommunikationsfertigkeiten auf unterschiedlichen Niveaus angesiedelt sein werden.

5.1.2 Dokumentation

Ein unterschätztes Problem innerhalb eines Projekts stellt die einheitliche Dokumentation dar. Unternehmen befolgen – selbst wenn sie zum gleichen Konzern gehören – häufig unterschiedlich definierte Dokumentationsrichtlinien. Häufig werden eigens für Projekte wiederum spezifische Vorgaben durch den Projektleiter entworfen. Nicht selten weisen die geltenden Richtlinien Inkompatibilitäten auf, weswegen ein Vergleich unterschiedlicher Projekte oftmals problembehaftet ist. Auch bei der operativen Umsetzung treten häufig Unstimmigkeiten und in der Folge gegebenenfalls Fehler auf, insbesondere dann, wenn Projektmitglieder gleichzeitig an verschiedenen Projekten mit unterschiedlichen Dokumentationsvorgaben arbeiten. Es sei daher empfohlen, konzern-einheitliche Dokumentationsrichtlinien zu formulieren, die einen nicht unerheblichen Beitrag dazu leisten können, Zeit und Geld zu sparen. Projektmitglieder müssten sich bei Beachtung dieses Postulats nicht ständig neu in die projektspezifischen Vorgaben einlesen, sondern könnten bei einem bekannten Dokumentationsablauf nach einem einheitlichen Schema verfahren. Ein solches Vorgehen stellt einen aktiven Beitrag zum **Komplexitätskostenmanagement** innerhalb des Konzerns beziehungsweise des Unternehmens dar.

Inwiefern es zu Dokumentationsproblemen oder -missverständnissen bei der Einbeziehung externer Partner kommt, hängt im Wesentlichen von der Vertragsdefinition zwischen den Projektpartnern ab.

Des Weiteren empfiehlt es sich, die Dokumentation auf zentralen Servern abzulegen. Dies ermöglicht es den autorisierten Teammitgliedern, bei Bedarf jederzeit auf Projektdaten zuzugreifen. Alle Daten, Schriftstücke, E-Mails oder sonstigen Dokumente sind nach einem zu Projektbeginn festgelegten Schema an entsprechender Stelle auf der Plattform zu speichern, unter Beachtung eines zu erarbeitenden Dokumentenmanagements, welches Konventionen in Bezug auf Dokumentenverwaltung, Freigabeprozess, Layout, Vorlagen, Dokumentenversion, Ablage etc. beinhaltet.

5.1.3 Kulturelle Unterschiede

Im Zuge der Planung und Durchführung von Projekten sind ebenso kulturelle Gesichtspunkte zu berücksichtigen. Jede geografische Region ist durch ihre individuelle Kultur gekennzeichnet, worunter sowohl Sprache, Religion als auch spezifische Verhaltensweisen zu subsumieren sind, wie beispielsweise Denken, Handeln, Fühlen und vor allem Kommunikation. Dies bedeutet für den/die Projektverantwortlichen, dass sie bereits während der Planungsphase des Projekts kulturelle Unterschiede berücksichtigen.

5.1.4 Produktivität

Interkulturelle Unterschiede zwischen geografischen Regionen lassen sich häufig ebenso in Bezug auf die Produktivität ausmachen, die sich letztendlich monetär unter anderem in den Produktionskosten widerspiegelt. Verfügbare Produktionsfaktoren und Technologien, Bildungsstand der Bevölkerung, geltende Qualifikationsstandards, rechtlicher Rahmen oder Arbeitsmoral/-ehrgeiz etc. determinieren die Produktivität einer geographischen Region, weswegen derlei Aspekte für die Auswahl von Standorten und/oder Teammitgliedern mit in die Projektplanung zu integrieren sind.

5.1.5 Controlling

International tätige Unternehmen richten ihr (Projekt-)Controlling organisatorisch so aus, dass dieses im Rahmen des Zielüberwachungs- und Steuerungsprozesses seine Wirkung bestmöglich entfalten kann. Einheitlichen Richtlinien für die Abarbeitung von Aufgabengebieten oder Dokumentations- und Archivierungsaufgaben kommt hierbei eine herausragende Bedeutung zu. Es empfiehlt sich, diese von Projektbeginn an zu kommunizieren, schriftlich für alle Projektbeteiligten zu hinterlegen und auf deren Einhaltung nachhaltig hinzuwirken. Dies ist beispielsweise auch im Rahmen der Ermittlung für das Projekt bedeutsamer Kennzahlen von Belang, insbesondere wenn die am Projekt beteiligten Partner unterschiedlichen Rechnungslegungsvorschriften unterliegen. Soll der Erfolg eines langfristigen Projekts exemplarisch auf Basis von Kapitalrentabilitäten gemessen werden, so ist es grundsätzlich vorstellbar, dass Projektcontroller, deren Unternehmen dem Geltungsbereich des Deutschen Handelsgesetzbuches unterliegen, den Jahresüberschuss im Sinne des § 275 HGB zu Grunde legen, während die US-amerikanischen Kollegen die Ergebnisgröße EBIT[1] ins Kalkül ziehen und deswegen mit hoher Wahrscheinlichkeit einen positiveren Wert ausweisen. Ebenso ist es denkbar, dass die deutschen Projektcontroller monetäre Bewertungen auf der Basis der Währung Euro vornehmen, während die Kollegen in Übersee in US-Dollar fakturieren. Die Volatilität des Wechselkurses erschwert hierbei die Vergleichbarkeit der ermittelten Kenngrößen, insbesondere über längere Zeiträume. Um dieses Problem zu umgehen, empfiehlt es sich, schon zu Projektbeginn verbindliche Dokumentationsrichtlinien zu vereinbaren, welche auch die Definitionen für das Projekt bedeutsamer Kennzahlen beinhalten.

5.1.6 Umwelt

National und international geltende Umweltaspekte oder -vorschriften, die das Projekt (potenziell) beeinflussen, sind bereits bei der Projektplanung zu berücksichtigen. Darüber hinaus sind diese über die gesamte Projektdauer einem Monitoring zu unterziehen, um eventuell erfolgte Änderungen zeitnah zu registrieren und Projektanpassungen vornehmen zu können. Sind projektbedingt gegebenenfalls Umweltschäden entstanden, so ist es – wenn überhaupt möglich – mitunter zeitaufwendig und kostspielig, diese zu bereinigen.

5.1.7 Gesetze

Internationale Projekte müssen sich an die jeweils geltenden nationalen gesetzlichen Vorschriften (unter anderem Daten-, Arbeitnehmerschutz-, Umwelt-, Steuer- oder Gesellschaftsrecht) halten. Andernfalls läge ein Compliance-Verstoß vor. Als problematisch ist hierbei zu erachten, dass sich die Gesetze in den unterschiedlichen am Projekt beteiligten Ländern zum Teil erheblich voneinander unterscheiden können. Es empfiehlt sich daher, zu Projektbeginn eine fundierte juristische Expertise einzuholen, welche für

---

[1] EBIT ist das Akronym für Earnings before Interest and Taxes und meint eine Ergebnisgröße vor Fremdkapitalzinsen und Ertragsteuern, im Übertragenen also ein Betriebsergebnis. Der Jahresüberschuss hingegen beinhaltet definitionsgemäß beide Kenngrößen.

das Projekt bedeutenden Rechtsnormen es zu beachten gilt, insbesondere aus den Rechtsgebieten Arbeitsrecht, Gewerblicher Rechtsschutz, Steuerrecht, Strafrecht, Verwaltungsrecht etc. Die betreffenden Gesetze sollten einem kontinuierlichen Monitoring unterzogen werden.

5.2   Enterprise-Resource-Planning-Systeme

Die Nutzung von Enterprise-Resource-Planning-Systemen, kurz ERP-Systeme, in Unternehmen ist heute Standard. ERP-Systeme unterstützen Unternehmen dahingehend, Geschäfts- und Steuerungsprozesse in den verschiedenen betrieblichen Bereichen, wie zum Beispiel Finanzwesen, Personalwesen, Logistik oder Produktion zu visualisieren. Dabei kommen standardisierte Module zum Einsatz, die wesentliche Teile der Unternehmensprozesse aus betriebswirtschaftlicher Perspektive informationstechnisch unterstützen. Darüber hinaus lassen sich mittels Anwendung von ERP-Systemen sämtliche Informationen, die im Unternehmen generiert werden, auf einer zentralen Datenbank speichern und jederzeit von autorisierten Mitarbeitern abrufen. Eine effektive und schnelle Informationsverarbeitung, sei es bei der Planung, Durchführung oder Kontrolle der Geschäftsprozesse, ist so jederzeit möglich. In der Folge sind Unternehmen in der Lage, Ressourcen und Prozesse besser zu steuern, wodurch sich in der Regel höhere Produktivitäten, Kostensenkungspotenziale und Zeiteinsparungen durch die Optimierung der Geschäftsprozesse realisieren lassen.

ERP-Systeme werden zukünftig auch eine immer bedeutendere Rolle bei der Abwicklung von Projekten spielen. Eine einheitliche Projektstruktur, weitestgehende Standardisierung projektbezogener Hauptprozesse sowie eine Vernetzung verschiedenster Software (zum Beispiel Projektmanagement-Software) ist durch den Einsatz von ERP-Systemen möglich. Besonders in der Phase der Projektplanung, in welcher diverse nicht integrierte Tools zur Anwendung kommen, ist es empfehlenswert, ERP-System-kompatible Softwarelösungen mit funktionsfähigen Schnittstellen zu verwenden, damit das Projektcontrolling auf bedeutende Daten des betrieblichen Controllings zugreifen kann. Darüber hinaus sollte darauf geachtet werden, dass sich sämtliche im Projekt verwendeten Systeme untereinander weitestgehend kompatibel vernetzen und synchronisieren lassen, damit eine

- Integration von Projekt- und Unternehmensressourcen,
- Verknüpfung von Zahlungs- und/oder Projektmeilensteinen,
- Verwaltung von eigenen und dritten Zahlungskonditionen,
- Kostenverwaltung,
- Stunden-/Zeiterfassung (unter anderem Erfassung, Verwaltung, Reisekosten, Urlaubsanträge oder Krankheitstage)

gewährleistet werden kann.

Durch die Nutzung der mannigfaltigen Informationen der ERP-Datenbank ist es dem Projektcontrolling möglich, umfassende Planungs-, Kontroll-, Analyse- und Steuerungstätigkeiten vorzunehmen und auf dieser wiederum zu dokumentieren. Die manuelle Beschaffung der hierfür notwendigen Informationen ohne Nutzung einer solchen Datenbank wäre ungleich aufwendiger und unter Berücksichtigung des in der Regel straff organisierten zeitlichen Projektverlaufs praktisch kaum realisierbar. Das Zurückgreifen auf hinterlegte Daten der ERP-Datenbank ermöglicht es andererseits dem Unternehmenscontrolling, jederzeit auf aktuelle Daten bezüglich Projektfortschritt, Zeiteinsatz, Ressourcen und Finanzen zurückzugreifen und diese grafisch aufzubereiten. Auch das Reportieren relevanter Daten ist jederzeit möglich.

Da die Verflechtung unternehmerischer Tätigkeiten global weiterhin zunehmen wird, was unweigerlich mit einer Zunahme der Komplexität einhergeht, ist es ratsam, spezielle Tools in das ERP zu integrieren, die sich auf bestimmte Aufgabenbereiche fokussieren, wie zum Beispiel Planungs-, Analyse-, Steuerungs- oder Dokumentationsaktivitäten. Ein Vorteil liegt darin, dass sich bisher separat betrachtete Systeme in das ERP-System integrieren lassen, was wiederum die Transparenz aller bestehenden Geschäftsprozesse einschließlich ihrer Verflechtungen erhöht. Ebenso entfiele durch diese Maßnahme die vergleichsweise aufwendige Beschaffung notwendiger Informationen, die häufig in dezentralen, nicht in das ERP-System integrierten Excel-Dateien verwaltet werden.

Die Einführung und kontinuierliche Pflege eines ERP-Systems ermöglicht es dem Projektcontrolling, einen ganzheitlichen Überblick über das Projekt zu erhalten, da auf diesem sämtliche relevante Projektdaten gesammelt werden. Welche Daten für die Tätigkeiten des Projektcontrollings von Belang sind, sollte zu Beginn festgelegt werden, wenngleich sich Anpassungen jederzeit in einem definierten Rahmen vornehmen lassen sollten. Um willkürlichen Änderungen vorzubeugen, sollten Autorisierungen definiert werden, das heißt, dass das Projektcontrolling unter anderem Mitarbeiter mit Eingabe-/Änderungs-/Stornobefugnissen benennen muss.

5.3   Kennzahlen

Die bereits heute zu beobachtende starke Orientierung von (Projekt-)Controlling-Konzepten an Kennzahlen wird sich in Zukunft noch intensivieren, da diese einen schnellen Ein-/Überblick über wichtige ökonomische und betriebswirtschaftliche Fakten und Aspekte ermöglichen. Mittels Erhebung und Verarbeitung von Finanz-, Kunden-, Markt-, Prozess- oder Mitarbeiterkennzahlen etc., gelingt es dem Projektcontrolling, eine ganzheitliche Perspektive auf das Projekt zu erhalten. Diese ist wiederum als notwendige Bedingung für fundierte Analysen anzusehen, auf deren Ergebnissen Investitions-, Finanzierungs- oder Liquiditätsentscheidungen basieren.

Die begrenzte Aussagekraft einer einzelnen Kennzahl lässt sich dadurch weitestgehend kompensieren, indem sie mit weiteren Kennzahlen zu sogenannten Kennzahlensystemen kombiniert wird. Die Vorteile von Kennzahlensystemen sind dergestalt, dass sich erstens die Kennzahlen bei zielführender Kombination gegenseitig ergänzen und/oder erklären. Zweitens lassen sich mit ihnen sowohl monetäre als auch nicht monetäre Aspekte abbilden und dementsprechend steuern. Typische Vertreter für Kennzahlensysteme sind das *Du-Pont-Kennzahlsystem*, welches unter Verwendung von rein monetären Kenngrößen auf die Steuerung der Gesamtkapitalrentabilität (ROI) abstellt, sowie die bereits oben beschriebene Balanced Scorecard mit ihren vier Dimensionen unter Berücksichtigung der zu Grunde liegenden Ursachen-Wirkungs-Kette.

Ein weiterer Trend neben reinen vergangenheitsorientierten Kennzahlen(-systemen) ist die Ausrichtung an Planzahlen, die zukünftige Zustände abbilden. Diese sind als ex nunc-Pendants der vergangenheitsorientierten Kennzahlen möglichst genau zu prognostizieren, um darauf aufbauend Simulationen fahren zu können, welche Auswirkungen bestimmte Aktionen (intern oder extern) auf das Projektergebnis haben werden.

Insbesondere das Projektcontrolling ist darauf angewiesen, solche Kennzahlen auszuwählen, die einerseits den individuellen Charakteristika des jeweiligen Projekts Rechnung tragen und andererseits der Steuerungs-, Kontroll-, Vorgabe- und Operationalisierungsfunktion dienen. Die ausgewählten Kennzahlen sollten ebenso einen Beitrag dazu leisten, die Vergleichbarkeit laufender Projekte – beziehungsweise zu bereits abgeschlossenen Projekten – herzustellen. Eine hierfür notwendige Bedingung stellen verbindliche Vorgaben des Unternehmenscontrollings dar, welche Kennzahlen in welcher projektunabhängig identischen Anpassung obligatorisch zu erheben sind. Ein beliebiges Wechseln von Kennzahleninstrumenten verursacht zum einen unnötige Komplexität und baut zum anderen Kommunikationshemmnisse bei den Projektmitgliedern auf.

Kennzahlen dienen der Projektleitung nicht nur als Mess- und Steuerungsgröße in Bezug auf das magische Dreieck, sondern können auch als Grundlage für Anreizsysteme, beispielsweise in Form von Bonuszahlungen, verwendet werden. Dieses aus dem Grunde, weil sich mit ihnen sowohl quantitative als auch qualitative Kriterien den Mitarbeitern gegenüber gut kommunizierbar festlegen lassen, die es während eines definierten Zeitabschnitts zu erfüllen gilt. In der Folge sollten jedem Teammitglied jene schriftlich fixierten Informationen zugänglich sein, an welche Kriterien der Bonus gekoppelt ist, wann dieser fällig wird und in welcher Art und Höhe er ausgeschüttet wird. Die Auswahl derjenigen Kennzahlen, welche für die leistungsgerechte Zusatzentlohnung verwendet werden, ist projekt- beziehungsweise unternehmensspezifisch.

Im Zuge der Steuerung von Projekten erlangt der Key Performance Indicator (Leistungskennzahl) eine immer größere Bedeutung, um dessen Leistungsfortschritt beziehungsweise dessen Erfüllungsgrad zu bestimmen. Eine genaue Überwachung ist/wird unerlässlich, da Projekte tendenziell in jeglicher Sicht komplexer, anspruchsvoller und damit kostenintensiver werden. Trotz dieser erschwerten Ausgangssituation müssen Projekte pünktlich fertig gestellt werden, da Verzögerungen in der Regel mit negativen wirtschaftlichen Folgen einhergehen, wie beispielsweise Preisnachlässe, das Unterbleiben von Folgeaufträgen und/oder sogar Konventionalstrafen.

5.4   Just in Time

In einer zunehmend globalisierten Wirtschaft mit internationaler Konkurrenz muss ein Unternehmen seine jeweiligen Produkte oder Dienstleistungen am richtigen Ort, zur richtigen Zeit, in der richtigen Menge und in der richtigen Qualität – und nach Möglichkeit zu einem konkurrenzfähigen Preis – positionieren (Just-in-Time-Konzept). Dabei müssen zusätzlich kundenspezifische Wünsche erfüllt werden. Haben sich in der Vergangenheit nachfragende Kunden nach anbietenden Unternehmen richten müssen, so ist heutzutage die Situation unter Berücksichtigung faktisch gesättigter Märkte diametral. Der Kunde diktiert somit, wann er welches Produkt in welcher Menge und Qualität benötigt. Nach diesen Restriktionen muss das Unternehmen Kapazitäten, Ressourcen, Termine und Budget ausrichten. Für Projekte, die definitionsgemäß von begrenzter zeitlicher Dauer sind, bedeutet dies, dass alle Prozessabschnitte bedarfsgerecht gegebenenfalls simultan durchgeführt werden müssen, um so eine optimale Kapazitäts- und Ressourcenauslastung zu erhalten. Damit es zu keinen Leerlaufzeiten oder falschen Prozesstaktungen kommt, bedarf es einer holistischen Planung, die sowohl logistische, interne/externe, wettertechnische, materielle etc. Gesichtspunkte berücksichtigt. Ziel ist es, bisherige Projektabläufe einschließlich der Neugestaltung von Arbeitspaketen so nach dem Just-in-Time-Prinzip auszurichten, dass durch die bedarfsgerechte Ausführung eine Optimierung der Erfolgsfaktoren (magisches Dreieck) möglich ist. Die Schwierigkeit des Just-in-Time-Konzepts besteht in dem hohen Koordinationsaufwand, der Zuverlässigkeit interner und externer Instanzen (zum Beispiel Lieferanten, dritte Firmen oder zugekaufter Facharbeiter) und der Vermeidung zeitlicher Verzögerungen. Insbesondere der letzte Aspekt kann erhebliche Probleme nach sich ziehen. Daher ist es wichtig, schon während der Projektplanung ein gewisses Maß an Flexibilität in Verbindung mit der Veränderung von Prozessabläufen zu berücksichtigen.

Laut einer Schätzung der Unternehmensberatung *TCW* lassen sich durch Anwendung des Just-in-Time-Konzepts im Bereich *Forschung & Entwicklung* Einsparungen von bis zu 40 Prozent in Bezug auf die Entwicklungszeit sowie 10 Prozent bis 20 Prozent bei der Reduzierung der Produktkosten erreichen. Darüber hinaus sind sogar bis zu 30 Prozent Produktivitätssteigerungen möglich.[2]

Eine Produktkostenreduktion kann durch eine präzise Materialkostenplanung erfolgen. Besonders bei materialintensiven Projekten, wie beispielsweise bei Bauprojekten, ist eine Feinplanung in Bezug auf Menge, Art, Qualität etc. benötigter Materialien geboten. Damit diese zur richtigen Zeit am richtigen Ort zur Verfügung stehen, orientiert sich die Materialeinsatzplanung unter anderem auch an der Kapazitätsbelegungs- und Terminplanung der einzelnen Projektabschnitte. Zu spät gelieferte Materialien verursachen in der Regel Verzögerungen, die sich in der Folge auch kostenseitig widerspiegeln. Zu früh gelieferte Materialien hingegen führen zu unnötig hohen Kapitalbindungskosten

---

2   Vgl. TCW Unternehmensberatung: Innovationsmanagement (2003), S. 1 f.

und können ebenso ungeplante Kosten, zum Beispiel für Lagerung, zusätzliche Personalkosten, Entsorgungskosten bei verderblichen Waren etc., nach sich ziehen.

Insbesondere die hohe Kapitalbindung veranlasst Unternehmen zunehmend auf das Just-in-Time-Prinzip zu wechseln. Nach diesem Prinzip erfolgt die Lieferung benötigter Güter bedarfs-, termin- und zeitgerecht, was dazu führt, dass Kapitalbindungen in Form von Lagerung weitestgehend unterbleiben, so dass auf diese Weise ein aktiver Beitrag zum Working Capital Management geleistet wird. Dies ist allerdings nur zu bewerkstelligen, indem die Anforderungen an die Prozessplanung und -steuerung erhöht werden. Gesetzt den Fall, dass für Projekte eine Just-in-Time-Lieferung vorgesehen ist, so empfiehlt es sich dennoch, entweder beim Lieferanten oder im eigenen Unternehmen Materiallager anzulegen, die einen definierten Sicherheitsbestand vorhalten und dementsprechend bei Bedarf Pufferung ermöglichen. Mithilfe dieser Maßnahme soll verhindert werden, dass bei unvorhersehbaren Liefer- beziehungsweise Produktionsverzögerungen ein sofortiger Projektstillstand erfolgt. Die Dimensionierung des Sicherheitsbestandes orientiert sich an dem projektindividuellen Vergleich zwischen Kapitalbindungskosten für gelagertes Material auf der einen und Kosten auf Grund von Projektverzögerungen auf der anderen Seite, wobei auch die Eintrittswahrscheinlichkeiten für Verzögerungen zu berücksichtigen sind, die sich beispielsweise heuristisch ermitteln lassen. Zusätzlich sollten die mit den Lieferanten geschlossenen Verträge eine Konventionalstrafe beinhalten, welche bei definierter Nichterfüllung geschlossener Vertragsvereinbarungen in Kraft tritt. Insbesondere ist schriftlich festzulegen, in welcher Höhe der Lieferant bei nicht gegebener Lieferbereitschaft Schadensersatz zu leisten hat. Im Kontext der Verwendung des Just-in-Time-Konzepts speziell bei fertigungsintensiven Projekten liegt die besondere Herausforderung für das Projektcontrolling darin, vormalige Prozesse, Strukturen und Abläufe mit modernen Kennzahlensystemen aus dem Bereich der Logistik zu verknüpfen.

5.5 Forecast

Prognosen (= Forecasts) sind schriftlich zusammengetragene Vermutungen darüber, welche Ereignisse oder Entwicklungen in der Lage sind, das Projekt in irgendeiner Art beeinflussen zu können. Forecasts lassen sich prinzipiell in Year End Forecast und rollierenden Forecast unterscheiden. Ersterer wird – wie es der Begriff schon beschreibt – am Ende einer Geschäftsperiode erstellt und umfasst im Idealfall alle bedeutsamen Aspekte, welche das Projekt in der nachfolgenden Geschäftsperiode, respektive in nachfolgenden Geschäftsperioden beeinflussen können. Mit dieser Ausrichtung stellt er ein Instrument des strategischen Controllings dar, da sich dieses auf die Beurteilung der Umsetzung der Unternehmensstrategie fokussiert. Demgegenüber hat der rollierende Forecast das frühzeitige Einschätzen in Bezug auf das Erreichen der Planziele zum Gegenstand. Aus diesem Grund wird das Instrument des rollierenden Forecasts hauptsächlich im Rahmen des operativen Controllings verwendet, wenngleich die Grenzen zwischen beiden Prognosemethoden fließend sind.

Im Sinne des Projektcontrollings lassen sich Forecasts für beliebige Schwerpunkte erstellen. Durch die weit gefächerte Ausrichtung der Forecasts können die aus ihnen gene-
rierten Informationen vielschichtig eingesetzt werden. Budgethöhe, zu erwartende Erlöse
und Kosten, Ressourcen- oder Kapazitätsauslastungen und Termintreue können dadurch
geplant werden. Durch die kontinuierliche Anpassung an neue Gegebenheiten bilden
ihre Daten eine probate Basis, mit welcher sich Ist-Werte vergleichen lassen. Es ist davon auszugehen, dass die Bedeutung der Forecasts – auch vor dem Hintergrund immer
länger werdender Projektlaufzeiten – sowohl in der strategischen als auch in der operativen Ausrichtung steigt. Eine häufig bestehende Lücke zwischen den im Vorjahr erstell-
ten Planwerten und den aktuellen Ist-Werten eines Projekts soll durch die Verwendung
von Forecasts einschließlich dafür geeigneter Controlling-Instrumente überbrückt werden. Aktuelle Entwicklungen, die sich potenziell auf das Projekt auswirken können,
lassen sich durch die Erstellung von Forecasts aufzeigen, weswegen zeitnah entsprechend reagiert und gesteuert werden kann.

5.6   Zero Based Budgeting

In den 60er Jahren des 20. Jahrhunderts entwickelte *Peter Phyrr*, damals als Manager in
den Diensten von Texas Instruments,[3] das Instrument Zero Based Budgeting als eine
heute gängige Methode für Planungs- und Analyseprozesse. Sprichwörtlich setzt die
Zero Based Budgeting Methode bei *null* an. Primäres Ziel dieses Verfahrens ist die Kos-
tensenkung im Gemeinkostenbereich sowie die effiziente Ressourcenkalkulation. Der
Ausgangspunkt hierfür ist eine grundlegende Neuinterpretation der Unternehmensstruk-
turen in der Form, dass den betrieblich verfolgten Zielen die dafür notwendigen Ressourcen gegenübergestellt werden. Die Budgetberechnungsgrundlage und somit die
Budgethöhe des vergangenen Geschäftsjahres finden folglich bei diesem Verfahren
keinerlei Berücksichtigung, vielmehr werden Arbeitsgänge hinsichtlich ihrer Kosten-
Nutzen-Relation neu analysiert und bewertet. Mit dieser Herangehensweise ist das Verfahren einer der bekanntesten Vertreter Output-orientierter Budgettechniken. Konkret ist
für die Bemessung der Budgethöhen der folgenden Geschäftsperiode jeder Organisati-
onsbereich mit Budgetverantwortung verpflichtet, eine für die Umsetzung seiner jeweiligen Tätigkeiten plausible Kapitalbedarfsermittlung zu erarbeiten.

Dieser Ansatz lässt sich ebenso auf die Projekttätigkeit adaptieren. Eine realistische
Prognose anfallender Projektkosten setzt voraus, dass deren geplanter Ablauf ausführlich
beschrieben ist. Um redundante Arbeiten zu verhindern, eignet sich als Vorlage der bereits im Vorfeld ausgearbeitete Projektstrukturplan. Hierfür ist eine enge Kooperation
innerhalb des Teams nötig, die einen wichtigen Beitrag dazu leistet, ein Verständnis für

---

3   Vgl. The Economist: Zero-based budgeting (2009), online.

die einzelnen Funktionen und deren Verflechtungen untereinander zu erhalten. Dieses Wissen ist ein Schlüssel für die Prognose resultierender Kosten. Obwohl das Zero Based Budgeting eine sehr planungsintensive Methode ist, die gegenüber der blanken Fortschreibung, beziehungsweise geringfügigen Anpassung bestehender Budgets entsprechend höhere Kosten verursacht, zahlt sich der damit einhergehende Aufwand in den darauffolgenden Projektschritten aus. So kann diese Methode dazu beitragen, dass

- Verbesserungs- und Veränderungspotenziale, zum Beispiel bei Material, Mitarbeitern, Abläufen oder Technologien aufgezeigt werden, die gegebenenfalls kostengünstig, effizienter und/oder effektiver sind,
- Schwachstellen oder ineffektive Prozesse jeglicher Art kostenseitig aufgedeckt werden,
- Kosten präzise ihren jeweiligen Kostentreibern zugeordnet werden können; obligatorische regelmäßige Kontrollen während des Projektverlaufs können aufzeigen, ob sich die Kosten wie erwartet entwickelt haben oder nicht; gezielte Steuerungsmaßnahmen sind möglich,
- alternative Wege und Möglichkeiten aufgezeigt werden, über welche man sich bei bloßer Fortschreibung bestehender Budgets keine Gedanken gemacht hätte,
- eine effiziente Ressourcenzuordnung unter gleichzeitiger Kostenreduzierung möglich ist.

Kosten werden auch zukünftig eine der bedeutsamsten Aspekte in der Entscheidungsfindung von Auftraggebern bleiben, egal ob es sich beispielsweise um eine Materialbestellung oder um eine Projektvergabe handelt. Realistische Kostenschätzungen sind für ein fundiertes und zugleich wirtschaftlich tragfähiges Angebot unerlässlich. Durch die Verwendung der Zero Based Budgeting Methode schafft das Projektcontrolling eine Kostenberechnungsgrundlage, die jährlich an die sich verändernden internen und externen Gegebenheiten angepasst wird. Fehler aufgrund veralteter Informationen beziehungsweise Berechnungsgrundlagen können (fast) vollständig eliminiert werden.

5.7   Kontinuierlicher Verbesserungsprozess/ Continuous Improvement Process

In das Unternehmen integrierte Prozesse, die zum Zeitpunkt der Einführung als die bestmögliche Lösung galten, können im Laufe der Zeit ihre Wirksamkeit verlieren. Verantwortlich hierfür sind interne oder externe Faktoren, die zu maßgeblichen Veränderungen beitragen. Verschiedenste Faktoren, wie zum Beispiel Unwissen, technologischer Wandel, Internationalisierung der Projekte, Zeit- oder Kostendruck können bedeutende Auslöser sein. Sowohl Unternehmen als auch das Projektmanagement müssen der Notwendigkeit begegnen, sich auf den stetigen Wandel einzustellen und entsprechende Maßnahmen (zum Beispiel Schulungen) zu ergreifen. Ähnlich gelagert ist die Problematik in Bezug auf Prozesse und betriebliche Abläufe, welche gleichermaßen an neue Gegebenheiten angepasst werden müssen, um so zum Beispiel Redundanzen zu vermeiden. Die wesentliche Voraussetzung hierfür ist eine retrospektive Analyse derjenigen Faktoren, die für die Veränderungen ursächlich sind. Nur auf diesem Weg können aus positiven oder negativen Erfahrungen neue Erkenntnisse gewonnen werden, welche sich auf gleiche oder ähnliche Situationen übertragen lassen.

In Anlehnung an das Prinzip von *Kaizen* versucht auch der kontinuierliche Verbesserungsprozess (Continuous Improvement Process) durch Veränderungen beziehungsweise Innovationen die betrieblichen Abläufe nachhaltig positiv zu beeinflussen. Vorgaben und Vorschriften sind nur schwer umsetzbar, wenn diese nicht vom Projektteam verinnerlicht und unterstützt werden. Das Gleiche gilt auch für Veränderungen jeglicher Art. Nur als Team können diese entwickelt, erarbeitet und umgesetzt werden. Eine Methode, die sich bereits bei Toyota, Volkswagen und anderen Herstellern/Konzernen erfolgreich etabliert hat, ist der sogenannte Qualitätszirkel, welcher den kontinuierlichen Verbesserungsprozess unterstützen soll. Durch die Einrichtung eines Qualitätszirkels versuchen sowohl Unternehmen als auch Projektleiter qualitative Verbesserungen durch Berücksichtigung interner und externer Faktoren bei den Prozessen zu erhalten.

Der kontinuierliche Verbesserungsprozess setzt grundsätzlich daran an, dass sich die Projektleitung aber auch die einzelnen Mitglieder über den derzeitigen Situationszustand bewusst sind. Basierend auf diesem Wissen können Veränderungen im Projektwesen (zum Beispiel Produkt-, Service-, Prozessqualität) mit dem Ziel einer langfristigen und somit nachhaltigen Verbesserung initiiert werden.

Um bestmögliche Resultate aus dem kontinuierlichen Verbesserungsprozess heraus zu erzielen, ist es sinnvoll, Verbesserungsmaßnahmen systematisch anzugehen. Hierbei hat sich eine Aufteilung in vier Phasen mit entsprechenden Methoden bewährt (vgl. Abb. 5.1).

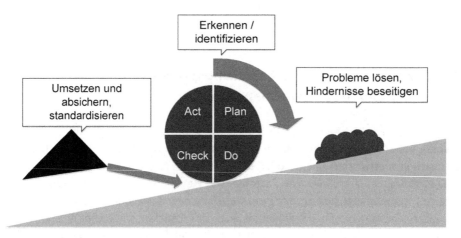

Abb. 5.1 Vereinfachte Darstellung des kontinuierlichen Verbesserungsprozesses

Probleme, Missstände, Leerlaufzeiten, Redundanzen etc. in Abläufen können am ehesten von denjenigen Teammitgliedern identifiziert werden, die sich mit diesem Themen-/Aufgabengebiet befassen. Die Implementierung innerbetrieblicher Arbeitskreise, sogenannter Qualitätszirkel, soll dazu beitragen, dass ein reger Informations- und Erfahrungs-/Wissensaustausch zwischen den Mitarbeitern gefördert wird. Durch diese rege Interaktion erhofft sich die Projektleitung im Idealfall eine Vielzahl verschiedenster Verbesserungsvorschläge/-alternativen, die im Team erarbeitet werden (**Phase 1: Plan**). Nach abgeschlossener Ideensammlung erfolgen eine Bewertung der Umsetzbarkeit sowie eine Analyse der damit einhergehenden Auswirkungen. Diejenigen Verbesserungsvorschläge, welche zu einem positiven Analyseergebnis führen, werden dann innerhalb des Projekts an entsprechender Stelle durch geeignete Maßnahmen implementiert (**Phase 2: Do**). In der nächsten Phase werden die tatsächlichen Veränderungen gegenüber dem vorhergehenden Zustand gemessen und mit den Analyseergebnissen aus Phase 2 verglichen, um zu kontrollieren, inwiefern diese wirksam waren. Es ist durchaus möglich, dass Nachbesserungen erforderlich sind, um den gewünschten Zustand zu erreichen (**Phase 3: Check**). Mit dem Ziel, die Gefahr zu minimieren, wieder in den ursprünglichen/alten Zustand zu fallen, ist man bestrebt, die realisierten Verbesserungen abzusichern. Die Abb. 5.1 stellt dieses Ansinnen mit einem Keilrahmen dar. Dieser soll verhindern, dass die bisher erbrachten Aufwendungen, einen verbesserten Zustand zu erreichen, vergebens waren (**Phase 4: Act**). Zusätzlich zeigt die Grafik auf, dass der perfekte Zustand – am Ende der Rampe – noch nicht erreicht ist. Dies bedeutet, dass permanent im Laufe des Projekts nachhaltige Verbesserungen vorgenommen werden können beziehungsweise sollten, um so das bestmöglichste Resultat zu erzielen.

Sämtliche aus dem kontinuierlichen Verbesserungsprozess gewonnenen Erfahrungen und Ergebnisse eines Projekts sollten anderen Projektleitern zentral schriftlich in einer Datenbank zusammengefasst zur Verfügung stehen. Mit Hilfe dieser Maßnahme lassen sich auch aus vorhergehenden Projekten Erfahrungen und erprobte Problemlösungen in das aktuell laufende übertragen, beziehungsweise für spätere Projekte nutzen.

Der kontinuierliche Verbesserungsprozess, der sowohl in der Vergangenheit als auch zum Teil heute noch tendenziell eine Nebenerscheinung darstellt, wird zukünftig an Bedeutung gewinnen. Je effektiver und auch effizienter Informationen und Wissen aus zurückliegenden Projekten gezogen werden können, desto größer ist die Chance, dadurch die Qualität und auch Ergebnisse von Folgeprojekten positiv zu beeinflussen. Die konkrete Herausforderung für das Projektcontrolling besteht darin, einen Prozess zu integrieren,

- welcher sowohl interne als auch externe Faktoren berücksichtigt,
- dessen Daten mit überschaubarem Aufwand zu generieren, vergleichen, analysieren und anzupassen sind.

Resümierend ist festzuhalten, dass der Continuous Improvement Process als obligatorischer Bestandteil des Projektcontrollings zu betrachten ist. Es ist sinnvoll, über den gesamten Projektablauf hinweg regelmäßig stattfindende Sitzungen mit dem gesamten Projektteam einzuberufen, um nach oben skizziertem Modell den Continuous Improvement Process zu forcieren. Nach abgeschlossenem – beziehungsweise auch nach abgebrochenem – Projekt erfolgen sogenannte *Lessons Learned Sessions*, in welchen final sämtliche gemachten Erfahrungen mit dem Projektteam einer gründlichen Analyse unterzogen und schriftlich dokumentiert werden, um Verbesserungspotenzial für zukünftige Projekte zu identifizieren. Diese Sitzungen sollten bereits bei der Projektplanung für die Projektabschlussphase vorgesehen sein.

5.8   Quellen

Literaturquellen:

Hammer, Richard: Planung und Führung, 8. Aufl., München: Oldenbourg Verlag, 2011.

Hesseler, Martin; Görtz, Marcus: Basiswissen ERP-Systeme – Auswahl, Einführung & Einsatz betriebswirtschaftlicher Standardsoftware, Witten: W3L GmbH, 2007.

Leimböck, Egon; Klaus, Ulf R.; Hölkermann, Oliver: Baukalkulation und Projektcontrolling, 12. Aufl., Wiesbaden: Vieweg und Treubner Verlag, 2011.

Rasmussen, Nils; Eichorn, Christopher, u. a.: Process improvement for effective budgeting and financial reporting, New Jersey: John Wiley & Sons Inc., 2003.

Internetquellen:

Albat Consulting: Was ist „Lean …'"?, o. O., o. J., online im Internet: http://www.albat.biz/uploads/pics/kvp.gif [Zugriff: 30/09/2016].

Angehrn, Alex: Projektmanagement und ERP-Systeme – Erfahrungen aus der Praxis, Mörschwil: Sansui Consulting, o. J., online im Internet: http://www.sansui-angehrn.ch/wordpress/wp-content/uploads/2013/02/Sansui_Projekt_und_ERP.pdf [Zugriff: 30/09/2016].

Bischoff, Werner: Früherkennung von Chancen und Risiken – Mit Frühindikatoren zur präventiven Unternehmenssteuerung, Borken: Initiative QualitätsSicherung NRW e. V., 2006, online im Internet: http://www.netzwerk-westmuensterland.de/fileadmin/redaktion/zukunft_unterneh men/downloads_Verein/Unternehmenssteuerung/Fachvortrag_20Borken_20am_2001-06-2006.pdf [Zugriff: 30/09/2016].

Controllinglehrbuch.de (Hrsg.): Kennzahlen und Kennzahlensysteme, o. O, o. J., online im Internet: http://www.controllinglehrbuch.de/fileadmin/content/leseprobe_einfuehrung_kap7.pdf [Zugriff: 30/09/2016].

Schug, Helmut: Vom Projekt zum Erfolg – Zehn wichtige Merkmale für die Eignung einer projektbasierten ERP-Lösung, Erlangen: Documanger.de, 2012, online im Internet: http://www.documanager.de/magazin/vom_projekt_zum_erfolg.html [Zugriff: 30/09/2016].

steuerlinks.de: Lexikon der Unternehmensführung – Controlling: Forecasts, o. O., o. J., online im Internet: http://www.steuerlinks.de/controlling/lexikon/forecasts.html [Zugriff: 30/09/2016].

TCW Unternehmensberatung: Innovationsmanagement – Optimierung von Entwicklungsprozes-sen, München: TCW Unternehmensberatung, 2003, online im Internet: http://www.management-kolloquium.de/mmk03/handouts/innovationsmanagement.pdf [Zugriff: 30/09/2016].

The Economist: Zero-based budgeting: o. O., 2009, online im Internet: http://www.economist.com/node/13005039 [Zugriff: 30/09/2016].

tqm.com: Kontinuierlicher-Verbesserungs-Prozess, Heilbronn: TQM Training & Consulting GmbH o. J., online im Internet: https://www.tqm.com/consulting/kvp-kontinuierlicher-verbesserungs-prozess/ [Zugriff: 30/09/2016].

wirtschaftslexikon.gabler.de (Hrsg.): Stichwort: Kaizen, Wiesbaden: Gabler Verlag, o. J., online im Internet: http://wirtschaftslexikon.gabler.de/Definition/kaizen.html?referenceKeywordName =kontinuierlicher+Verbesserungsprozess [Zugriff: 30/09/2016].

wirtschaftslexikon24.de: Zero Based Budgeting, o. O., o. J., online im Internet: http://www.wirtschaftslexikon24.net/d/zero-base-budgeting/zero-base-budgeting.htm [Zugriff: 30/09/2016].

Projektcontrolling – ein Fazit

6

Das Résumé dieses Buches ist, dass die Tätigkeiten des Projektcontrollings schon heute aber auch in Zukunft eine immer gewichtigere Rolle für das Projektmanagement spielen. Durch die zunehmende Komplexität der Projekte benötigt das Projektmanagement eine Stabsstelle, welche Projektsteuerungsaktivitäten für die Managementebene durchführt. Auf der Grundlage eines kybernetischen Controllingverständnisses anhand der Funktionen Planung, Kontrolle, Analyse und Steuerung – und auch Informationsversorgung – sollen mithilfe des Projektcontrollings Prozesse, Regeln und Richtlinien in die Projektabläufe implementiert werden. Alle Tätigkeiten des Projektcontrollings sind darauf ausgerichtet, frühzeitige und präzise Prognosen über die Projektentwicklung zu generieren um dadurch Transparenz in die komplexen Projektstrukturen und -abläufe zu bringen. Somit wird der bisherige dominierende Fokus des Projektcontrollings, der sich häufig primär auf das magische Dreieck bezieht, signifikant erweitert.

Vergangenheitsorientierte Controllingkennzahlen, die sich zudem ausschließlich auf die Beobachtungen der Anforderungsebenen Zeit, Kosten und Umfang/Qualität fokussieren, sind oftmals problembehaftet, da sie häufig zu spät reportiert werden, um noch wirkungsvoll entgegensteuern zu können. Sind erstmals Kosten- und/oder auch die Terminvorgaben überschritten, ist das Projektmanagement vor vollendete Tatsachen gestellt. Daher ist es unerlässlich, weitere Beobachtungskategorien in das Projektcontrolling zu integrieren, die nicht nur Rückschlüsse auf die retrospektive Projektentwicklung geben, sondern auch prospektive Handlungsalternativen aufzeigen. Um dies zu erreichen, müssen alle Projektebenen, von der Führungs- bis zur Ausführungsebene, aktiv einbezogen werden.

Ein Auftraggeber achtet primär auf die Einhaltung der vertraglich fixierten Vereinbarungen in Bezug auf Kosten, Termine und Ressourcen. Den identischen Fokus nimmt auch der Projektleiter ein, welcher zusätzlich noch die Arbeitsfähigkeit des Teams und die Organisationsdynamik überwacht. Die Klarheit über die Rollen-/Aufgabenverteilung,

© Springer Fachmedien Wiesbaden GmbH, ein Teil von Springer Nature 2019
B. Zirkler et al., *Projektcontrolling*, https://doi.org/10.1007/978-3-658-23714-1_6

der Identifikationsgrad mit den Projektzielen aber auch die Kommunikation innerhalb des Teams, die ebenfalls maßgeblich auf die Zielerreichung des Projekts hinwirken, werden häufig vernachlässigt. Treten hier bereits Probleme auf, ziehen sich diese wie ein roter Faden durch das gesamte Projekt, sodass Verzögerungen die Folge sein können oder der Projekterfolg in Gänze gefährdet ist. Aus diesem Grund ist das Projektcontrolling bereits auf dieser Ebene angehalten, Instrumente zu integrieren, die ein frühzeitiges Gegensteuern ermöglichen.

Abb. 6.1 zeigt über das magische Dreieck (vgl. Abb. 2.2) hinausreichende weitere Bereiche und Aspekte auf, die Optionen der systematischen Weiterentwicklung des Projektcontrollings darstellen. Ob und wie grob beziehungsweise detailliert das Projektcontrolling die möglichen Tätigkeiten ausübt, ist von unterschiedlichen Faktoren abhängig, wie zum Beispiel Knowhow der Teammitglieder, dem verfügbaren Budget, dem Zeitrahmen, dem eigentlichen Projektfokus etc.

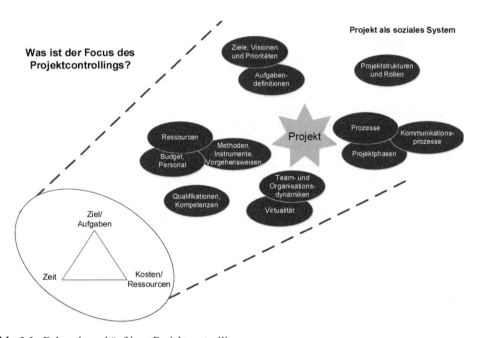

Abb. 6.1 Fokus des zukünftigen Projektcontrollings

Wie im Kapitel 5 aufgezeigt wurde, verändert sich der ursprüngliche Fokus des Projektcontrollings insofern, dass neue Aufgabengebiete hinzukommen. Dieses ist zum einen auf die Globalisierung und den daraus resultierenden international aufgestellten Projekten zurückzuführen, zum anderen auf die im Allgemeinen stetig steigenden technischen Ansprüche an das Projekt. Beide Aspekte führen zu einer Zunahme an Komplexität, da unter anderem während der Durchführung internationaler Projekte länderspezifische

Gesetze, Richtlinien, Arbeitsbestimmungen etc. zu berücksichtigen sind, beziehungsweise eine Vielzahl kundenspezifischer Vorgaben erfüllt werden müssen. Diese neuen Entwicklungstrends verlangen nach modernen Methoden und Instrumenten, die eine nahezu komplette Überwachung beziehungsweise Steuerung im Vorfeld und während des Projekts ermöglichen. Insbesondere wird von den Instrumenten erwartet, dass diese:

- nicht ausschließlich vergangenheitsorientierte Informationen liefern, sondern ebenso Forecasts, das heißt, dass sie Entwicklungen vor dem eigentlichen Eintritt aufzeigen sollen, wie zum Beispiel Frühwarnindikatoren,
- sich nicht primär auf eine einzige Kennzahl fokussieren, sondern gleichzeitig auf verschiedene, die im Idealfall durch eine Ursachen-Wirkungs-Kette miteinander verbunden sind, wie zum Beispiel die Project Scorecard,
- sich nicht ausschließlich auf das magische Dreieck oder gar auf reine monetäre Kennzahlen fokussieren, sondern neue Aspekte und Gesichtspunkte, wie zum Beispiel Mitarbeiter, Motivation, Knowhow/Qualifikation, neue Kommunikationsprozesse oder internationale Gesichtspunkte berücksichtigen,
- ohne großen Aufwand generiert werden können; im Idealfall lassen sie sich aus den ohnehin während des Projektablaufs zu erhebenden Informationen ableiten,
- an das Projekt adaptiert werden können, zum Beispiel Frühwarnindikatoren,
- einfach, verständlich und demzufolge gut kommunizierbar sind, aber trotzdem eine hohe Aussagekraft beinhalten.

Schon heute beeinflussen Projekte signifikant die betrieblichen Abläufe eines Unternehmens. Die ihnen immanente Bedeutung in Bezug auf die betrieblichen Ergebnisgrößen wird aller Voraussicht nach in Zukunft noch zunehmen. Obgleich Projekte immer technisch anspruchsvoller und komplexer werden, wird der zur Verfügung stehende Zeitrahmen ihrer Abwicklung immer kürzer. Kosten spielen – aufgrund der ohnehin hohen und weiter wachsenden Konkurrenz – eine immer bedeutendere Rolle, da sie oftmals die Erteilung eines Auftrags maßgeblich mitbeeinflussen. Demzufolge wird die präzise Planung mithilfe geeigneter EDV-Tools und die damit einhergehende wirksame Steuerung zu notwendigen Bedingungen für eine erfolgreiche betriebliche Projektarbeit.

6.1   Quellen

Internetquellen:

OSB INTERNATIONAL – systematische Unternehmensberatung: Neue Herausforderungen für das Projektcontrolling aus systematischer Sicht, Glashütten: osb international, 2004, S. 7, online im Internet: http://pages.osb-i.com/sites/default/files/user_upload/Publikationen/ Sumetzberger_Neue_Herausforderungen_fuer_das_Projektcontrolling_aus_systemischer_ Sicht.pdf [Zugriff: 30/09/2016]

Druck:
Canon Deutschland Business Services GmbH
im Auftrag der KNV-Gruppe
Ferdinand-Jühlke-Str. 7
99095 Erfurt